PODE QUEM PENSA QUE PODE

LAURO TREVISAN

PODE QUEM PENSA QUE PODE

Editora e Distribuidora da Mente
Santa Maria - RS - Brasil

Lançamento: Fevereiro de 1989, pela Editora da Mente
Capa: Companhia de Propaganda

EDITORA DA
mente

Pedidos: Editora e Distribuidora da Mente
Rua Tuiuti, 1677 - Caixa Postal: 955
97015-663 - Santa Maria - RS - Brasil
Fone: (055) 223.0202 - Fax: (055) 221.7184
E-mail: laurotr@infoway.com.br.
Internet: www.infoway.com.br/laurotrevisan

ÍNDICE

CAPÍTULO I

AS DUAS MAIORES DESCOBERTAS DA HUMANIDADE

CAPÍTULO 2

PENSE SAÚDE

CAPÍTULO 3

O CAMINHO CERTO DA RIQUEZA

CAPÍTULO 4

PENSAR É PODER

CAPÍTULO 1
AS DUAS MAIORES DESCOBERTAS DA HUMANIDADE

Era uma tarde de primavera. Sentado diante da máquina de escrever, estava alinhavando as primeiras idéias deste livro, quando apareceu um amigo e perguntou-me:

— O que é que você está escrevendo?

É claro que ele não estava a fim de ouvir uma preleção completa sobre todo o tema que eu tinha na cabeça. Tratei de sintetizar tudo em poucas palavras, caso contrário poderia correr o risco de perder o latim e o amigo, como diz o ditado. Aliás, certa vez me ensinaram que todo discurso tem duas partes: o início e o fim; e tanto mais perfeito é o discurso quanto mais se aproximar a primeira parte da segunda.

Então, respondi-lhe:

— Estou colocando num livro as duas maiores descobertas da humanidade.

— Puxa vida — exclamou o homem — você nunca voa baixinho!

— Pois, é verdade — insisti.

— Quais são? — perguntou ele, tomado de curiosidade.

— A primeira descoberta fantástica, revolucionária, é que existe em toda criatura humana um Poder Infinito, que tudo alcança. E a segunda é que esse poder é acionado pelo pensamento.

— Simples demais para ser verdade — criticou o amigo.

— Justamente por ser simples demais é que é verdade. Se fosse difícil e complicado, teria todas as probabilidades de não ser verdade, porque todas as leis que regem o universo e o ser humano são simples.

— Prove-me — sentenciou ele.

— Você quer que eu prove você ou que prove o que estou dizendo? — brinquei.

— Viu? festejou ele. — Já está saindo pela tangente.

— Não se apresse. É o que farei ao longo destas páginas. Mostrarei que existe um Poder Infinito em cada criatura humana e assinalarei que esse Poder é acionado pelo pensamento. Como o pensamento é a criação mais simples e mais fácil da mente humana, qualquer pessoa, de qualquer cultura e capacidade, pode usar esse Poder, a qualquer momento da sua vida, para alcançar seus mais elevados e grandiosos objetivos.

Deus fez tudo tão simples que ninguém consegue se queixar, com razão, de que não tem condições de usar esse Poder. Basta pensar.

Se agora você está pensando, já está usando o seu Poder Infinito.

Se, diante do que estou colocando, você reaciona dizendo que seu pensamento não tem poder nenhum, já está usando o Poder Infinito, imanente em si, o qual está cumprindo para que seu pensamento não tenha poder nenhum.

Pode quem pensa que pode.

Jamais terá uma casa aquele que pensa que nunca terá

uma casa.

Não adianta você ter talento, capacidade, genialidade, se pensa que nunca conseguirá nada na vida. Neste caso, marginalizar-se-á e não sairá da estaca zero. A não ser que mude o pensamento. O mundo está cheio de talentos frustrados.

Lembro uma afirmação do filósofo norte-americano Emerson: "Nenhuma aptidão, nenhum auxílio, nenhum treinamento será capaz de compensar a falta de fé". Pois bem, fé é acreditar que o seu pensamento produz a realidade do seu conteúdo.

Certa vez escreveu Eliphas Levy: "O pensamento humano cria aquilo que pensa".

No momento em que você está de posse dessas duas chaves da vida, isto é, que você tem um Poder Infinito no âmago do seu ser e que esse Poder é acionado pelo pensamento — você abrirá todas as portas.

Você sabe, por experiência própria, que pensar é coisa que faz a todo instante: portanto, você e qualquer pessoa do mundo, mesmo os analfabetos de pai e mãe, e mesmo os que hoje estão no fundo do poço, podem, desde já, usar o pensamento positivo para criar o mundo dos seus sonhos, do sucesso e da felicidade.

Você é o que pensa.

Pense e será o resultado dos seus pensamentos.

Com isso, começou a maior revolução da sua vida.

Levante, sacuda a poeira, trace os seus projetos e ideais, acredite neles, e verá que uma Força Divina e uma Sabedoria Infinita realizarão o conteúdo dos seus pensamentos.

Maravilha das maravilhas!

Aqui você verá como usar o pensamento para multiplicar suas qualidades, para aumentar seu mundo material, para curar as suas doenças, para resolver os seus problemas, para viver feliz, alegre e gloriosamente.

Se você acredita nisso, leia este livro.

Se você não acredita nisso, leia este livro.

Se você não acredita e nem desacredita, leia este livro.

Uma coisa é certa: depois de ler este livro, sua vida não será mais a mesma.

Você será, sem dúvida, uma pessoa conceituada, segura de si, autoconfiante, poderosa, positiva, criativa, bem-sucedida, rica, agradável, descontraída e feliz.

Sim, porque basta pensar.

— Só pensar? — perguntará você, entre incrédulo e perplexo.

— Sim, pensar, acreditar e seguir em frente na direção que o vento do Poder Divino soprar, porque o conduzirá aos resultados desejados.

Pode quem pensa que pode.

PODER DA MENTE: CIÊNCIA OU CHARLATANISMO?

Antigamente muitas pessoas afirmavam que telepatia, telecinésia, precognição, clarividência, eram bruxaria, ou fraude, ou coisas do diabo. Hoje, há uma ciência específica, chamada Parapsicologia, com vastíssima literatura e um arsenal imenso de laboratórios experimentais em todo mundo, que trata desses fenômenos.

De uns tempos para cá, fala-se muito também em Poder da Mente.

Os menos avisados já metem a sua colherada, afirmando, do alto da sua ignorância, que isto é charlatanismo, coisa de Tim Tones, mistificação.

Talvez possamos dizer que há dois tipos de críticos negativos: aqueles que são contra tudo o que não fecha com seus absolutismos dogmáticos e aqueles que são contra por ignorância.

E, possivelmente, há dois tipos de críticos positivos: aqueles que estão a favor porque o estudo e a compreensão do conteúdo lhes posiciona assim; ou são contra porque o estudo e a compreensão do conteúdo lhes posiciona dessa maneira.

Nenhuma pessoa dotada de bom senso, e no uso de suas faculdades mentais, pode deixar de ser crítico positivo, se quer ser honesto consigo e com a humanidade.

Poder da Mente é uma nova ciência moderna, com objetivo próprio, terminologia própria, comprovada por métodos científicos, ou seja, empírico, dedutivo e indutivo.

Bastas vezes, vejo pessoas confundirem Poder da Mente com Parapsicologia ou Religião, ou Psicologia, ou Filosofia. Embora abranja muitos aspectos de cada uma dessas ciências, na verdade Poder da Mente tem seu próprio caminho.

Hoje, há milhões de pessoas que se ocupam dessa ciência, e a literatura se multiplica aos milhares anualmente. Eu mesmo já lancei, até agora, dezenas de livros e ministrei centenas de jornadas, tendo proferido palestras para aproximadamente quinhentas mil pessoas, de todos os níveis culturais, no Brasil e exterior.

Quando estive realizando uma das jornadas sobre o Poder da Mente em Portugal, adquiri um livro de título "A Mente do Futuro", escrito por H. Pato. Lá pelas tantas, ele colocou o seguinte: "O que, indubitavelmente, representa um passo transcendental no conhecimento do homem, é o auge recente da investigação dos poderes desconhecidos da mente. No entanto, no Ocidente a sua manifestação tem sido constantemente reprimida. Por um lado, pelo nosso obstinado racionalismo, que surge como paladino da ciência; por outro lado, quando estes temas "ocultos" são considerados proibidos ou, no melhor dos casos, próprios de charlatães de barraca e indignos de qualquer preocupação científica".

Mas, nas minhas constantes viagens por esse mundo afora, posso afirmar que o interesse por essa ciência e a busca de sua compreensão têm sido realmente extraordinários. Isto já é indicador de que estamos inaugurando uma nova era na história da humanidade.

Bem-aventurados os que acreditam que o homem é muito mais do que é, porque esses estão a caminho do seu grande destino.

O QUE VEM A SER O PODER DA MENTE?

Ao falar em Poder da Mente, saltam duas palavras aos olhos, cada uma significando um universo, e as duas juntas fazendo uma ciência.

Poder expressa uma força superior, uma energia ilimitada, uma capacidade de ação irresistível, a ponto de sobrepor-se a qualquer tipo de obstáculo, capaz de alcançar qualquer objetivo, capaz de materializar qualquer palavra.

Será que existe realmente esse Poder?

Existe.

Em primeiro lugar, a Religião ensina esta verdade. Toda Religião, que acredita num Deus, admite a existência de um Poder Superior, capaz de realizar o ato criador.

Jesus falou claramente sobre esse Poder, existente no interior de toda pessoa.

Disse ele: "E tu, quando orares, entra no teu secreto e ora a teu Pai, que está no secreto; e teu Pai, que vê às ocultas, te ouve e te atende..."

Ele deu o nome de Pai a esta Presença todo-poderosa existente no secreto da criatura humana.

Em outra ocasião, disse ele: "Tudo o que pedirdes ao Pai, em oração, crendo que haveis de alcançar, alcançareis".

Aí está claro que esse Poder é infinito. Tão infinito quanto infinita possa ser a mente de uma pessoa. Trata-se, portanto, do infinito relativo.

Segundo Jesus, nós temos o Pai dentro de nós. Por isso, temos o Poder em nós.

Deus, segundo a Religião, está no âmago do ser humano. Assim sendo, você, e o Deus que habita o seu interior, tudo podem.

Os mestres espiritualistas, de todos os tempos, assinalaram esta verdade.

Já o grande pensador, escritor, filósofo e teólogo Agostinho de Hipona, conhecido na Igreja como Santo Agostinho, escreveu, referindo-se a Deus: "Eis que habitáveis dentro de mim e eu lá fora a procurar-vos. Por conseguinte, meu Deus, eu não existiria, de modo nenhum existiria, se não estivésseis dentro de mim".

Ora, a presença de Deus numa pessoa confere-lhe a grandeza infinita.

Aliás, a Bíblia diz: "Vós sois deuses". Isto significa que você tem a dimensão divina, porque Deus é em você.

Numa outra passagem, afirma a Bíblia: "Porque dele, nele e por ele existem todas as criaturas".

Se você existe nele, ele é em você.

A verdade da existência de Deus em você carrega em si a verdade da existência de um Poder Infinito em você.

O Mestre Jesus, que se dizia viver numa absoluta interação com o Pai, ensinava a todas as pessoas: "Tudo quanto pedirdes e suplicardes ao Pai, em oração, crendo, alcançareis".

COMO AGE O PODER, SEGUNDO A RELIGIÃO

A forma pela qual alguém pode se comunicar com o Poder Infinito, com a Presença Infinita, com o Deus Interior, com o Pai que habita o secreto íntimo, é a palavra, o pedido, a oração, o desejo, o pensamento, a imagem, a mentalização.

O homem pede e Deus atende. Deus, pois, é a resposta.

Não é o contrário, como muitos pensam, isto é, que Deus age e o homem responde.

Em outras palavras, Deus, que habita o seu interior, só pode agir em você através de você.

Você pede e ele atende: "Tudo quanto pedirdes ao Pai, recebereis".

Num outro momento, ensinou o Mestre Jesus: "Pedi e recebereis, porque todo aquele que pede recebe".

Aqui salta mais uma verdade: Deus nunca falha. Se você colocar corretamente as premissas das Leis superiores, o resultado nunca pode falhar.

Se houver falha, foi você quem falhou, porque Deus nunca falha. Assim como escreveu o apóstolo Tiago: "Pedis e não recebeis porque pedis mal".

Há cerca de dois mil anos, escrevia um grande mestre espiritualista, chamado João Evangelista, que foi discípulo de Jesus: "Ora, sabendo que atende aos nossos pedidos, sabemos, também, que receberemos o que pedimos".

Sabemos que receberemos o que pedimos.

A Lei não falha. Porque Deus não falha.

Mas, se para você, Religião não diz nada, veja o que afirmam os grandes mestres da ciência do Poder da Mente.

O QUE DIZEM OS MESTRES

O reconhecimento da existência de um Poder Infinito no subconsciente de cada pessoa, por incrível que pareça, é unânime entre os mestres da mente.

Independente da filosofia pessoal ou da corrente de pensamento a que se engajaram, todos admitem a realidade de um Poder, que é acionado pela mente consciente.

Joseph Murphy é uma das grandes expressões da ciência do Poder da Mente. Autor de mais de trinta livros, tendo proferido palestras no mundo inteiro, escreveu ele: "Já vi o poder do subconsciente erguer pessoas que se encontravam liquidadas, tornando-as novamente fortes, dotadas de força vital e integradas em si mesmas, livres para saírem pelo mundo em busca de felicidade, saúde e alegria.

Há um milagroso poder de cura em seu subconsciente, capaz de acabar com os tormentos mentais e com problemas de coração. Você pode abrir a porta da prisão da mente e libertá-lo". (O Poder do Subconsciente).

Napoleon Hill, autor de diversas obras, em seu livro "O Poder da Psicologia Positiva", escreveu: "Sua mente tem poderio ilimitado para converter um desejo em realidade".

Ele coloca claramente a existência de um poder, situado na mente.

Harold Sherman, também autor de diversos livros, declarou: "A atitude do "Eu Posso", mantida dia após dia, é invencível".

James K. Van Fleet tem um livro com esse título: "O Poder Miraculoso de Cada Um". O título já fala do Poder Infinito imanente em você.

Vou agora citar-lhe Samuel Dodson: "Se todos os homens, mulheres e crianças deste mundo, utilizassem o poder íntimo que possui cada um, e todos os seres aprendessem a utilizar o seu poder mental universal, seu poder mental cósmico, este mundo seria realmente diferente. As seitas religiosas não discordariam umas das outras, as nações não estariam sempre disputando umas com as outras, nem o homem se empenharia na luta aparentemente interminável pelo poder e pela força".

Ele quer dizer, entre outras coisas, a grande verdade de que, no momento em que cada um dos cinco bilhões de seres humanos se conscientizar de que contém em si o Poder Infinito, que tudo lhe alcança, acabariam as disputas e o mundo entraria numa era de paz e fraternidade.

Orison Swett Marden escreveu: "Há em nós um poder que, se o conhecermos ou o valorizarmos, nos tornará capazes de fazermos tudo o que sonhamos ou imaginamos, ou de sermos aquilo que desejamos ser". ("Os Milagres do Pensamento").

Ralph Waldo Emerson foi considerado o filósofo que exerceu maior influência sobre a vida norte-americana. Viveu de 1803 a 1882. Escreveu livros, poemas, ensaios e cartas. Disse ele: "E o profundo poder, no qual existimos e cuja bem-aventurança nos é acessível, não só se basta a si mesmo e é perfeito em cada instante, como também faz com que o ato de ver a coisa vista, o espectador e o espetáculo, o sujeito e o objeto, sejam um só".

O famoso escritor norte-americano Joseph Murphy escreveu num de seus livros: "Nas profundezas do seu subconsciente, à espera de se expandir e de se expressar, há uma sabedoria infinita, há um poder infinito, há um estoque ilimitado de tudo o que é necessário para uma vida perfeita".

A MENTE É O MOTOR DO PODER

Até agora nos fixamos particularmente na realidade da existência de um Poder Infinito em cada pessoa.

Mas, a palavra poder vem sempre acompanhada — no nosso caso — de outra, que lhe dimensiona e completa: a palavra mente.

Poder da Mente.

Uns dizem Poder da Mente, outros dizem Poder na Mente. Isto seria como se a gente perguntasse se o carro anda por causa da força do motor ou por causa da força no motor.

Quer se consiga definir exatamente ou não, o que importa é saber que basta ligar a chave de ignição e o carro andará.

Na fantástica caminhada pelo mundo da mente, você poderá usar palavras como alma, espírito, consciente e subconsciente, Sabedoria Infinita, Poder Divino, Pai, Deus interior, Eu Superior, mente cósmica, Poder curador e criador, Espírito Santo, Força Infinita, Presença Divina, Fonte da Vida, Vida Supraconsciente, Eu maior, Luz Divina, e outros nominativos que, longe de gerar confusão, estão a dizer que há um mundo incomensurável, cuja dimensão total ainda não foi alcançada. Mas, isto não nega a realidade.

Não é necessário que você entenda tudo de motor para que faça o seu carro funcionar. Eu, por exemplo, já fiz o meu carro andar milhares de quilômetros, conduzindo-me para onde eu queria ir e, no entanto, não entendo de motor.

O homem efetuou descobertas grandiosas no mundo exterior e realizou invenções incríveis. Isto, porém, pode ser apenas o começo de tudo.

No campo da mente, também, recém estamos no limiar. Mas, as descobertas são estupendas e, já neste estágio, podem conduzir o ser humano a uma nova vida melhor, mais agradável, mais abundante, mais saudável, mais plenificada e mais feliz.

A descoberta do Poder da Mente nos colocou milhões de anos-luz na frente dos primitivos e está abrindo caminho para uma nova humanidade.

Este mundo de misérias, de sofrimentos, de fome, de frustrações, de tristezas, de violência, de desamor, de fracassos, que você vê ao seu redor, já não tem mais sentido para quem descobriu que existe um Poder Infinito, na sua própria mente, que tudo lhe alcança.

Você é o que é a sua mente. Ora, usando de forma maravilhosa a sua mente, viverá, de fato, num mundo maravilhoso.

Incrível?

Não mais incrível do que o assombro do imperador Nero se hoje levantasse da tumba e visse aviões, automóveis, televisões, computadores e todos esses aparatos que fazem parte do nosso dia-a-dia.

Antigamente — e muitos até hoje — pensavam que isso de clarividência, telepatia, precognição, telecinésia, movimento de objetos sem causa aparente, era charlatanismo ou fraude.

Atualmente, isso, e muito mais, faz parte da capacidade humana.

Portanto, não fique aí parado na Idade da Pedra Lascada, senão você acabará vivendo hoje no tempo do meu tio-avô, que não entendia porque lhe aplicavam injeção na nádega se era a cabeça que estava doendo.

A EVOLUÇÃO DA HUMANIDADE RESULTA DO PODER DA MENTE

Nunca a humanidade se voltou tanto para o conhecimento do seu microcosmo, como na época atual.

As dimensões fantásticas do ser humano estão empolgando as mentes mais adiantadas.

Embora, desde os seus primórdios, o homem tenha se voltado para si mesmo, na tentativa de descobrir e desvendar os seus próprios mistérios, somente hoje há uma exploração mais frenética e mais apurada do universo humano.

Estamos no começo. Um belo e promissor começo.

Diante da precariedade da vida humana atual e diante do imenso universo mental a ser conquistado, só podemos rir quando se fala, por aí, em fim dos tempos. Na verdade, estamos no início dos tempos.

Como se pode pensar no fim se estamos ainda no começo?

Para você ter uma idéia do nosso estágio atual,vou citar-lhe U.S. Andersen: "O homem chegou à Terra há tão pouco tempo, que mal teve tempo de respirar". Pense nas palavras de Richard Carrington: "Imaginemos que, por alguma magia, toda a história da Terra pudesse ser comprimida em um único ano. Nesta escala, os oito primeiros meses seriam completamente sem vida. Os dois meses seguintes seriam dedicados às criaturas mais primitivas. Somente na segunda semana de dezembro é que apareceriam os mamíferos. O homem, como o conhecemos, entraria em cena aproximadamente às 23h45min do dia 31 de dezembro. E a idade da história escrita ocuparia não muito mais que os últimos sessenta segundos. Eis aí como é recente o pensamento do homem". ("O Segredo dos Segredos").

Mas, nessa breve passagem pela Terra, o homem já realizou obras gigantescas, descobriu maravilhas fantásticas, inventou coisas estupendas. Inventou imensas naves pesadíssimas, que voam pelos espaços; pousou na lua; mandou naves para outras galáxias; inventou computadores incríveis; produz comprimidos para curar doenças; órgãos artificiais para substituir os deteriorados; envia imagens que podem ser captadas em todos os rincões do planeta; grava melodias em altíssima perfeição; realizou experimentos de enorme sucesso na engenharia genética; captou os segredos dos átomos; e mais e mais e mais.

Que criatura grandiosa o ser humano!

Que poder incomensurável encerra dentro de si!

Se nesse pequeno espaço de vida, já deu passos tão assombrosos, é de confiar plenamente que os caminhos da humanidade serão cada vez mais belos, saudáveis, perfeitos, grandiosos, maravilhosos.

Isto tudo tem acontecido e continuará acontecendo porque a mente humana possui um inesgotável Poder criador e realizador.

Estamos num momento em que todas as pessoas já têm condições de reconhecer a existência deste Poder.

A dimensão infinita está em todas as mentes e não apenas naqueles que conseguiram alçar-se a alturas inimagináveis.

Todos temos a mesma origem, a mesma natureza, o mesmo Poder.

Foi para demonstrar na prática esta verdade que escrevi um livro com este título: "Os Outros Puderam, Você Também Pode".

QUEM PODE O MAIS PODE O MENOS

É engraçado: há pessoas que sorriem incrédulas quando eu digo para mentalizar a realização dos seus desejos, porque, pela Lei de que o semelhante atrai o semelhante, os desejos acontecerão. No entanto, estas mesmas pessoas ajoelham-se na primeira igreja e oram pela paz universal, pela justiça social, para que o amor ilumine a humanidade, para que a fraternidade aconteça na face da terra.

Aí está o mais interessante: a pessoa que está efetuando esta prece, pela lógica deve acreditar que sua prece tem o Poder de produzir tal maravilha no mundo. Se não admitisse esta possibilidade, não estaria orando.

Pois, então, não é muito mais simples e viável acreditar que sua prece, sua mentalização, pode curar o seu fígado, transformar a sua depressão em alegria, conseguir o seu carro, encher a sua mesa de alimentos, alcançar o seu emprego?

Você, portanto, pode muito bem estar negando o mais simples e acreditando no mais difícil.

Se você acreditar na justiça universal, deve, conseqüentemente, acreditar no poder de realizar a sua própria justiça, que é o estado mental de equilíbrio, de eqüanimidade, de interação entre a mente, o corpo e sua vida.

A justiça divina e universal do cosmo estabelece que todo o efeito decorre de uma causa correspondente. Por exemplo, se você acredita que uma mente saudável pode produzir um corpo doentio, está declarando que, em Deus e no universo, não existe justiça, pois, neste caso, o efeito nada teria a ver com a causa.

Na verdade, a mente alegre alegra o corpo e emite vibrações de alegria para o cosmo, contribuindo, assim, para o bem do universo.

Veja o que escreveu Agnes Sanford, no seu livro "A Luz Que Cura": "Se cada um que reza pela paz universal tivesse bastante poder de oração para conseguir a cura de um resfriado, este seria um mundo diferente dentro de vinte e quatro horas".

VOCÊ É O SEU ÚNICO LIMITE

Estava eu, há dias, em Teresina, realizando jornada sobre o Poder da Mente.

Numa entrevista para a televisão, perguntou-me o repórter:

— O Poder da Mente tem limites?

Respondi-lhe:

— O Poder da Mente não tem limites. A pessoa é o seu próprio limite.

Você conhece o aquecedor solar? São placas colocadas em lugar adequado para captar a energia do sol e, com isso, aquecer a água. Cada placa recolhe toda a sua capacidade máxima de energia, mas o sol é muito mais, infinitamente mais, do que a energia captada.

O Poder imanente na criatura humana é infinito, mas é usado de acordo com a capacidade e potencialidade da mente. Portanto, o Poder é tão infinito quanto infinita possa ser a mente humana.

Tudo o que você pode pensar, criar, sonhar, desejar, imaginar, pode realizar.

Um dia, o avião não existia; o ser humano o imaginou e o avião se tornou realidade material.

Eu gosto de citar a frase fantástica com a qual Orison Swett Marden inicia um de seus livros: "A Alma obtém tudo o que conceber e realmente desejar".

Veja bem: Tudo o que conceber e realmente desejar.

Quantas doenças, que foram consideradas incuráveis em tempos passados, hoje são facilmente curáveis. E a cura, muitas vezes, se processa por formas até nem imaginadas. Como foi o caso daquela pessoa que me escreveu: "Eu sofria de uma dor de cabeça há 36 anos; tudo que foi recurso de medicina e curandeiros eu fiz e não tinha solução para o meu problema. Eu não suportava mais. Tinha vez que eu quase ficava louca de dor. Então, minha cunhada me disse: "Lê "O Poder Infinito da Sua Mente", que você sara." Foi a hora mais sagrada que eu tive. Li o livro, faz um ano mais ou menos, nunca mais sofri daquela dor que me maltratava tanto...".

Garanto-lhe que meu bisavô jamais sonhou com a televisão. Mas, alguém sonhou e a televisão existe.

As grandes realizações são devidas a pessoas que souberam sonhar grandes sonhos.

Foi o que escreveu Murphy: "Todos os poderes do infinito estão latentes e lhe são inerentes".

Aquela senhora da dor de cabeça tinha o seu próprio Poder de cura, embora tivesse permanecido latente durante 35 anos.

Estes poderes lhe são úteis na medida em que você os utilizar.

De nada valia para aquela mulher da dor de cabeça a existência desse Poder curador se ela não sabia usá-lo.

Adianta alguma coisa você possuir um edifício de cem apartamentos se você dorme na sarjeta?

Você é o seu único limite.

O seu Poder é infinito, mas, se você não o usar, ou usá-lo indevidamente, não passará de um marginalizado.

Não é porque hoje você é pobre coitado que não existe este Poder.

Vamos. Abra os olhos. Desperte. Entre na sua verdadeira realidade. Assuma a sua grandeza. Ponha a mão no seu Poder maravilhoso e seja feliz, rico, saudável, cheio de amor.

O FUNDAMENTAL É CRIAR E CRER

Grande parte da humanidade anda de rastos pelo chão porque não é capaz sequer de levantar a cabeça.

E o pior é que muitos, também, não são capazes sequer de levantar o pensamento.

Se aparece alguém apontando para o alto, mostrando que, além da cabeça, existem nuvens, estrelas, o sol, a lua, logo rebatem dizendo que isso tudo é bobagem.

Aí começa a grande diferença entre as pessoas.

Você vê milhões de seres humanos vivendo uma vida digna, elevada, confortável, alegre, saudável; e vê milhões de criaturas se revolvendo na miséria, na insanidade, na mediocridade, no sacrifício, nas privações.

Quando a pessoa acredita apenas no submundo, viverá no submundo; quando acredita na sua própria grandeza e capacidade, levanta-se à altura de Deus.

Frank Lloyd Wright era famoso arquiteto, considerado um dos gênios mais criadores. Foi ele quem disse que "sempre acontece a coisa em que realmente se crê".

Se você crê no sucesso — será bem-sucedido.

Se você vive na mediocridade, não significa que não possa sair desta situação. Afinal, mediocridade é estado mental. Mudando-se a mente, muda-se a realidade.

ANTES DE TUDO, CRIAR

Assim como é impossível você construir uma casa se antes não a construiu na sua mente ou na mente do seu arquiteto, da mesma forma é impossível você ter uma vida maravilhosa se antes não a criou na sua mente.

A realização ou materialização é apenas conseqüência.

Para que sua vida seja mais do que é agora, crie essa realidade na sua mente.

Uma das provas de que somos imagem e semelhança de Deus é que temos o Poder criador.

Você pode criar o que quiser na sua mente e isto já é grande milagre.

Ao invés de criar sofrimento, tristezas e misérias, crie a felicidade, o amor e o sucesso. E assim será. Porque ao pensamento segue-se a realidade.

Norman Vincent Peale ensinou que, antes de tudo, você deve decidir o que quer ser; depois, precisa fazer de si uma imagem mental como sendo assim. E este famoso escritor conclui: "Jamais se atinge a meta que não esteja bem definida na mente".

Depois de criar o objetivo na mente, creia, com todas as forças interiores, que assim será.

Lembre-se agora o que disse Frank Wright: "Sempre acontece a coisa em que realmente se crê".

Anote mais uma vez: Criar e crer são os fatores básicos do seu crescimento e sucesso na vida.

O IMPOSSÍVEL É POSSÍVEL

Em fevereiro de 1988, lancei mais um livro: "O Poder Infinito da Oração".

A receptividade foi impressionante. Somente no mês de fevereiro, esgotaram-se cinco edições.

É que se trata de um assunto muito mais importante do que as pessoas supõem.

Nos grandes acontecimentos da vida, nas horas de extremo perigo, nas situações desesperadoras, mesmo quem nunca orou não deixa de experimentar um impulso instintivo para a prece, na busca da solução ou da salvação, principalmente quando tudo o mais parece ter falhado.

Nesse livro, escrevi um capítulo com esse título: "Oração é Milagre".

Veja o que diz uma parte do texto:

"Pode-se afirmar que oração é milagre, porque a prece se realiza através de uma força e um poder não explicados pela ciência.

O milagre existe.

A cada dia, milhares de pessoas são curadas extraordinariamente de doenças consideradas incuráveis. Conheci pessoas que os médicos disseram que nunca sairiam da cama e hoje andam por este mundo afora mais sadias do que nunca.

Quantas pessoas não poderiam jamais caminhar, e hoje caminham; quantos negócios saíram da falência prevista, para o sucesso total; quantos casamentos levantaram das cinzas, para a mais linda comunhão de amor; quantos náufragos se salvaram contra todas as esperanças; quantas pessoas saíram de acidentes de forma tão impossível, que se consideram como tendo nascido de novo!

Que força estranha é essa chamada milagre?

Que poder desconhecido é esse a que dão o nome de milagre?

Emmet Fox escreveu: "Sabemos que nossa oração será atendida, mas nunca sabemos exatamente "como".

"Às vezes – continua ele – parece não haver meio, em termos humanos, para a solução do problema e, no entanto, ele é resolvido de alguma maneira gloriosa e emocionante".

O "como" é exatamente a premissa do milagre. Porque

o milagre não é um acontecimento impossível de ocorrer, mas a maneira pela qual acontece é que se supunha impossível. Portanto, por milagre não se entende um rompimento da ordem natural estabelecida por Deus, mas a realização da ordem natural por caminhos e meios desconhecidos humanamente até o dia de hoje.

Quando Jesus saciou a fome de cinco mil pessoas famintas — isso é coisa que muitos restaurantes fazem diariamente; mas, saciar a fome de cinco mil pessoas com sete pães e sete peixes — aí está o milagre.

O milagre é a realização da prece, ou da mentalização, através de meios maravilhosos e desconhecidos.

O milagre, pois, está ao seu alcance. Basta que você acredite nele.

Todo pensamento acreditado acontece.

Toda oração acreditada acontece.

O milagre é a força divina imanente em você.

Se essa força é imanente em você — você é o seu poder de milagre. Por causa do poder de Deus, que existe em você.

Foi por isso que Jesus afirmou, com extrema sabedoria: "Tudo é possível àquele que crê".

Creia firmemente que aquilo que você deseja acontece e fique tranqüilo, porque acontecerá.

MATERIALIZAÇÃO DA IMAGEM

Visitei as pirâmides de Kefren, de Miserino e penetrei no interior da famosa pirâmide de Queops, chegando até à câmara do rei.

Ao lado das pirâmides, que eram sepulturas, reservadas, de cada rei, existem, em tamanho bem menor, câmaras que eram sepulturas dos familiares do rei, como esposa, princesas, filhas.

Numa dessas câmaras, cuja existência data de aproximadamente quatro mil anos, podiam-se ver as paredes completamente tomadas de imagens de pessoas, animais, aves, armas do tempo, material de pesca, barcos, esteiras, assim por diante. A razão dessas gravações nas paredes era a crença de que, na sua viagem para o Além, os mortos tinham o poder de materializar os animais, alimentos e objetos que aí estavam gravados, a fim de usá-los na medida em que necessitassem.

Essa crença fez-me lembrar o ensinamento da ciência do Poder da Mente, que diz que toda imagem gravada na mente, com fé, se torna realidade física.

Na antiguidade egípcia, acreditavam que aquelas imagens gravadas nas paredes podiam adquirir vida e forma através do poder dos mortos, que eles supunham continuarem vivos na sua viagem para o Além.

Há muito de verdade nisso, mas aqui nesta vida. Você tem o Poder maravilhoso de materializar as imagens criadas na sua mente. Aliás, dizem os mestres que as realidades materiais não são nada mais do que a materialização das imagens mentais de cada pessoa.

O seu mundo material, ou seja, a sua casa, a sua geladeira, os seus móveis, o seu terreno, a sua oficina, a sua cozinha, o seu carro, os seus alimentos, existem no seu mundo material porque existiram antes no seu mundo mental.

Diga-me, pois, com que pensamentos e imagens você convive e eu lhe direi qual é o seu patrimônio material.

Se você é uma pessoa negativa, envolta em imagens negras e desagregadoras, seu mundo material será isso.

Você colhe na vida o que semeia na mente.

Diante de tantas atribulações da vida, e de inesperados reveses, muitas pessoas chegam à conclusão de que a vida é incontrolável. Nas conversas por aí, você ouve, com freqüência, comentarem que uns nasceram voltados para a lua e têm muita sorte, ao passo que outros têm o fatídico destino de viverem marcados pelo azar e pela má sorte.

Em face de acontecimentos do dia-a-dia, exclamam:

— Você é um homem de sorte! Puxa vida!

Ou então:

— Como você é azarado, santo Deus!

Se o mundo fosse dominado por forças aleatórias, e se o ser humano não tivesse condições de realizar o seu viver, o mundo seria um aglomerado de confusões, de descontroles, de imprevisibilidades, concebido, então, por uma inteligência limitada e superada por sua própria obra.

Este não seria o mundo de Deus, porque o mundo de Deus é concebido por uma Inteligência Infinita e regido por Leis superiores e infalíveis.

James Allen, famoso escritor ligado à ciência do Poder da Mente, afirmou que "a Lei rege e governa tudo, desde o mais trivial pensamento, palavra ou ato humano, até aos agrupamentos dos corpos celestes".

Todo o universo, portanto, é regido por Leis.

Quando são colocadas corretamente as premissas de cada Lei, o resultado nunca pode falhar. Nada importa se a pessoa conhece ou não a Lei.

Se você bebe água, mata a sede, mesmo que não conheça esta Lei de Causa e Efeito; mesmo que você não acredite nesta realidade; e mesmo que você conteste esta verdade.

O ser humano também é regido por Leis e não pelo acaso, pela sorte ou pelo azar.

A sua vida não é nada mais e nada menos que a conseqüência da sua própria causa. Isto quer dizer que você é o autor de si mesmo. Quer você aceite ou não esta verdade, ela continuará sempre acontecendo.

Você é, sem dúvida, a causa de tudo o que lhe acontece na vida.

NÃO CHORE EM TÚMULO ERRADO

Existe um ditado gaúcho, usado para as pessoas que se queixam de alguém que não é o culpado: Está chorando em túmulo errado.

Você também, ao se queixar de Deus, da vida, das pessoas, da situação, está chorando em túmulo errado. Deve, isto sim, queixar-se de si mesmo. Porque só você é o seu próprio autor. Nada ocorre na sua vida que não tenha a causa em você mesmo.

Você é a causa da sua tristeza, da sua depressão, do seu fracasso, do seu sofrimento; você é a causa da sua alegria, da sua felicidade, do seu sucesso, da sua saúde.

A sua mente é o seu Poder criador.

A VIDA É O QUE VOCÊ PENSA

Para mim — dizia uma mulher irritada — a vida é uma matemática, pois passo o tempo todo resolvendo os meus problemas. Na verdade, a vida é o que cada um pensa que ela é. Se você está na pior, xingará Deus e todo mundo, dizendo que a vida é uma droga, uma frustração, um mal necessário, uma coisa de louco...

Se você está feliz, dirá que a vida é legal, uma curtição, um barato, uma maravilha, o mais lindo dom de Deus.

A sua definição de vida depende do seu estado mental.

PENSE QUE A VIDA É UMA FESTA

Eu sempre digo que a melhor definição que encontrei para a vida é esta: A vida é uma festa!

Desde o amanhecer, ao acordar, sorria para o milagre da sua vida que continua; abra a janela e contemple as últimas estrelas brilhando no céu; o sol tingindo de ouro o horizonte; a passarada dançando e cantando pelos ares; as flores, molhadas de orvalho, perfumando o alvorecer; os animais festejando o nascer do dia; as montanhas apontando para o alto, mais verdes do que nunca; o riacho borbulhando por entre as pedras; as pessoas dando-se bom-dia... Pois, então, entre nessa festa você também.

Inunde a sua mente de pensamentos de alegria, de sucesso. Imagine que seu dia será positivo. Crie agradáveis expectativas para essas vinte e quatro horas. Acredite que sua colheita será farta. E comece a caminhar com amor no coração e com a certeza de que tudo dará certo. Ao sair para a rua, mentalize que este será um lindo dia para você. E assim será.

Se disserem a você
Que esta vida não presta,
Diga. Amigo corta esta,
Canta, dá vivas, porque
A vida é sempre uma festa!

(Do livro "Pétalas de Vida")

A SOLUÇÃO ESTÁ EM VOCÊ

Recebo inúmeras cartas, de todas as partes, relatando maravilhas alcançadas por pessoas que põem em prática as Leis da mente, acionando desta forma, suas Forças interiores.

Ainda hoje, muitos nada sabem sobre a existência de um Poder Infinito, imanente na criatura humana. Nem por isso deixa de existir esse Poder.

Na direção em que você dirigir a sua mente, nessa mesma direção caminhará sua vida e seu mundo material.

Ninguém está jogado num mundo aleatório, dominado por forças estranhas e incontroláveis. O escritor U.S. Andersen escreveu, num de seus livros: "A má sorte não se abate sobre você; você a cria. O sucesso não é resultado de trabalho duro; é resultado de pensamento positivo".

Você é, de fato, o que é a sua mente. E seu mundo material é resultado do seu mundo mental.

UMA CARTA

Recebi uma carta, há tempos, cujo conteúdo quero passar-lhe, pois é uma comprovação do que venho sempre afirmando:

"É com imenso prazer que te escrevo esta, comunicando-te o que consegui através do Poder Infinito da Mente.

Faz mais ou menos dois anos que leio sobre o Poder da Mente, mas, só após ter lido sete livros teus, é que me aprofundei de tal forma, que te asseguro, consigo tudo o que quero e fiquei outra pessoa, mais alegre, realizada, feliz, espalhando a tua filosofia a todos os meus amigos, colegas de magistério e alunos. Digo-te mais: Reencontrei-me no caminho.

Até meus filhos mentalizaram para conseguirem seus intentos... Tenho certeza de que se tivesse lido teus livros dez anos antes, seria ainda melhor.

Ainda não fiz teu curso, mas sinto-me como se tivesse feito, porque me sinto firme e decidida em minha vida.

Conforme o que me pediste naquela tarde de terça-feira, do mês de setembro último, em teu auditório, relato agora:

Mentalizei durante quatro meses a cura de uma lesão no cérebro de meu filho, por ocasião de um forte acidente. Ele, com doze anos, me ajudou na mentalização e, após quatro meses, o doutor acaba de nos dar a grande notícia: "Teu filho está curado". Veja que ele só iria curar-se nos seus 16 anos. Portanto, está recuperado quatro anos antes, pelo Poder da Mente.

Eu sofria de dor de cabeça horrível; estou cem por cento curada, desde março de 1987.

Sofria de dores na coluna vertebral, muitos anos; faz sete meses que nada sinto.

Quem segue a tua filosofia, hodierna, vive tranqüilo, não agitando os nervos, o coração, deixando-os trabalhar sadiamente.

Agradeço, enfim, a bendita hora que comecei a ler teus livros, sendo que "A Cura Pela Palavra" é meu livro de cabeceira. Já o reli quatro, cinco vezes, por isso sou FELIZ".

Esta senhora está transmitindo uma lição para tanta gente. Ao invés de ficar lastimando a sorte, o que importa é mudar a situação, alterando os padrões mentais.

Mente animada e confiante, que cria realidades positivas, supera as dificuldades e melhora a situação.

Nunca se deixe abater pelos reveses, mas use essa Força Superior, que é acionada pelo pensamento, para dobrar o negativismo e traçar as metas desejadas.

Pode quem pensa que pode.

FAÇA DESTE ANO O MELHOR DE SUA VIDA

Cada vez que você começa um novo ano, ou que comemora aniversário, você vibra com uma fé incrível de que tudo vai mudar, que lhe acontecerão muitas coisas boas e, principalmente, você alimenta a esperança de que seus sonhos mais lindos se tornarão realidade.

Com o passar dos dias, no entanto, você percebe que tudo vai ficando como "dantes no castelo de Abrantes". E acaba concluindo que a vida não tem jeito mesmo.

Mas, a verdade é que a vida tem jeito, desde que você tenha jeito.

Se você quer que este ano lhe traga muitas coisas boas, é preciso que, antes de tudo, saiba quais são as coisas boas que quer que aconteçam.

O avião, o trem, o navio, o ônibus chegam ao destino se houver um comandante que sabe o destino e os dirige para lá.

Sabe você o que quer?

Lembre-se que as realidades da sua vida nascem na mente. É necessário, portanto, que você determine mentalmente os objetivos benéficos que deseja alcançar.

Concentre-se calmamente e diga para si mesmo o que espera deste ano.

Vou facilitar-lhe o roteiro. Concentre-se em cada uma das áreas, a seguir, e assinale o que deseja obter.

Não esqueça a lei ensinada por Jesus: "Pedi e recebereis, porque todo aquele que pede recebe".

Na área intelectual: cursos, aprendizados, especializações, livros, conhecimentos, congressos, seminários...

Na área mental: estudos sobre as forças mentais, livros, cursos; libertação da depressão, do desânimo; alegria, felicidade, paz de espírito...

Na área amorosa: casamento, noivado, namoro, felicidade.

Na área física, ou seja, orgânica: cura de alguma doença, saúde, vitalidade, superação do estresse...

Na área material: casa, galpão, carro, apartamento, geladeira, banheiro novo, sala nova, vídeo-cassete, forno de micro-ondas, televisão, terreno, máquina nova, loja, negócio, emprego, trator, equipamento tal...

Na área financeira: dinheiro que deseja para levar vida confortável.

Na área familiar: reconciliação, amor, bom entendimento, paciência, tolerância, perdão; reatamento do diálogo com pai, mãe, filho, irmão...

Na área social: amizades, clubes, festas...

Na área de lazer: viagens, férias, visitas, excursões, passeios, divertimentos...

Na área religiosa: oração, igreja, culto, reuniões, encontros, biblia, associações...

Aqui está apenas uma pista do que você pode mentalizar para que lhe aconteça neste ano e em todos os anos.

Faça a lista dos seus pedidos, guarde-os para que ninguém saiba, e mentalize todos os dias, acreditando que assim é e assim será.

Goethe, famoso literato alemão, escreveu: "Estás determinado? Agarra-te a este momento; o que puderes fazer ou sonhar que podes fazer, começa a fazê-lo. A coragem traz em si o gênio, o poder da magia. Empenha-te somente e a mente se aquecerá; começa e, então, o trabalho será completado".

Aí está. Agarre-se a esse momento com fé e coragem. Ele é o ponto de partida para grandes realizações.

Sonhe, deseje, incendeie a sua imaginação e leve acesa essa tocha. E a vitória sorrirá para você.

Para frente e para o alto, porque pode quem pensa que pode.

PODE QUEM PENSA QUE PODE

"Não há força mais poderosa no mundo do que uma idéia incendiada pela fé: remove montanhas, levanta edifícios imponentes, abre caminhos, alcança as galáxias e eleva o ser humano à altura de Deus".

A frase acima está gravada em bronze no foyer do Teatro Santa Maria. Foram proferidas por mim ao encerrar o discurso, na solenidade de inauguração desse teatro e do Palácio da Mente, no dia 23 de outubro de 1987.

Na verdade, a realização dessa obra é mais uma prova de que toda idéia incendiada pela fé remove montanhas de obstáculos e produz milagres.

Esta força maravilhosa não é privilégio de algumas pessoas apenas, mas de todo ser humano, inclusive daqueles que se debatem nos descaminhos da miséria e do sofrimento.

Toda criatura humana é imagem e semelhança de Deus, portanto tem o Poder Infinito, capaz de realizar os sonhos mais grandiosos.

VOCÊ TAMBÉM PODE

Numa outra placa de bronze, fixada na coluna de concreto diante do Palácio da Mente, comemorativa do evento, consta, ao final, esta frase: "Pode Quem Pensa Que Pode".

De fato, o pensamento possui, no seu âmago, uma espantosa força materializadora.

Dois anos antes, existia, naquele terreno da rua Tuiuti,

um chalé. Hoje está aí o Palácio da Mente, com seis pisos. É a sede do meu trabalho, em Santa Maria.

Talvez, você tenha um terreninho coberto de carqueja e carrapicho. Por que não sonha uma casa?

Ao pensamento segue-se a ação; à ação segue-se a materialização.

Lembre-se: Pode quem pensa que pode.

A placa a que me referi, em que consta a Construtora Portella como executora da obra, foi descerrada por Flávio Portella, em nome de seu pai Sebastião, fundador daquela firma construtora.

É bom que você saiba que Sebastão Portella começou a vida como servente de pedreiro. Em cada tijolo de suas obras, colocava muita força de vontade e muitos sonhos de progresso. Subiu, cresceu, e sua firma, hoje acionada pelos familiares, tornou-se grande.

Eis mais uma razão para você gravar na mente esta verdade: Pode quem pensa que pode.

COMO VOCÊ LEVANTA DE MANHÃ?

Ao indagar como você levanta de manhã, lembrei aquela pergunta que se faz, com freqüência, nos grupos infantis: Qual é a primeira coisa que faz o burro, quando nasce o sol?

Certo dia, eu fiz essa pergunta a uma criança e ela respondeu de imediato:

— Lava a cara e vai trabalhar.

Se eu perguntar a um brincalhão como ele levanta de manhã, por certo há de responder, com um sorriso malicioso entortando os lábios:

— Com as pernas, ué!

Mas, têm aqueles que levantam com cara de missa de sétimo dia; ou com cara de quem troveja mas não chove.

Existe uma expressão, muito conhecida, que fala em levantar com o pé direito ou com o pé esquerdo, para dizer que levantou bem ou mal-humorado.

Conheci um moço que sempre levanta mal-humorado e, só depois de algumas horas, começa a sentir-se bem.

Tem gente que, ao acordar, parece um ciclone: xinga o tempo, praqueja porque a água do banho está fria, resmunga contra o tecido da toalha enquanto se enxuga, acha o café da manhã uma porcaria, e sai rua afora como quem vai para o matadouro. Esse tipo de pessoa terá um dia desagradável, porque o passará como um dragão, lançando fogo pelas ventas.

Mas, existem muitas pessoas, felizmente a maioria, que levantam bem-dispostas, cheias de vida, abençoando o dia e imaginando mil coisas maravilhosas que irão acontecer. Essas pessoas levantam com uma banda de música no coração, tocando melodias deliciosas e alegres.

Para muitas pessoas, o dia é como uma marcha: se rompem a marcha com o passo certo, continuarão marchando com o passo certo; se iniciarem com o passo errado, seguirão de passo errado.

Você, no entanto, não é conduzido por forças astrais, que determinem o seu dia.

Nada disso. Você é que deve determinar o seu dia, tornando-o abençoado, feliz, saudável e próspero.

No momento em que abrir os olhos, ao acordar, sorria, tomado de faceirice, e resmungue algumas palavras jocosas e agradáveis. Assim, você está assumindo o comando do seu dia.

Enquanto se espreguiça, ameace cantarolar uma canção alegre e gostosa, esse tipo de canção que costuma levantar os níveis do seu bom humor.

Quer seja dia de sol, ou chova, ou seja nublado, para você é um lindo dia, porque você é o dono da sua vida e fará dessa jornada, que se inicia, um milagre de belas colheitas.

Lembro agora aquela parábola, contada pelo Mestre: "Saiu o semeador a semear a sua semente..."

Desde o amanhecer, você é o semeador a semear a sua semente. A sua semente, e não a dos outros. E você vai semear a semente da alegria, do bom humor, do sorriso, das palavras positivas, dos prenúncios agradáveis.

Siga em frente, com a certeza de que sua vida está se tornando um dia melhor e com a segurança de que os seus celeiros acumularão mais e mais tesouros materiais, mentais e espirituais.

Não esqueça, pois, ao acordar, de ligar o seu bom humor e o seu pensamento positivo.

Dê bom-dia para as pessoas e responda aos cumprimentos, dizendo que vai cada vez melhor.

Agora eu saúdo você:

— Bom-dia!

— Bom-dia!

— Como é que vai?

— Cada vez melhor!

Se Maomé não vai à montanha, a montanha vai a Maomé: se você não acorda bem-humorado, faça o bom humor ir a você, trazendo-o para o interior da sua mente.

A NOVA MANEIRA DE VER OS OUTROS

Johann Wolfgang Goethe é considerado a maior personalidade da literatura alemã, famoso como poeta, romancista, dramaturgo e ensaísta. Viveu de 1749 a 1832.

Certa vez, escreveu ele, com muita sabedoria: "Trate as pessoas como são e elas permanecem assim. Trate-as como se fossem o que podem ser e as ajudará a se tornarem o que são capazes de se tornar".

Na verdade, muita gente se queixa dos outros, mas nada faz para que se tornem melhores; ou então, o faz pelo caminho errado, que vai trazer mais complicações do que resultados benéficos.

Não vou falar das pessoas que buscam rebaixar os outros. Essas, por conta da Lei do Retorno, só vão colher desgostos, menosprezo e sofrimentos.

Quero me referir a você, que se aflige com o comportamento de certas pessoas e gostaria tanto que fossem melhores e mais felizes. Se, no entanto, as tratar como são, nada está acrescentando para que possam tornar-se um pouco melhores. Tratando as pessoas como são, não ofereceu nenhum subsídio para que cresçam na vida, para que iluminem suas qualidades e encontrem o melhor caminho para a sua realização pessoal.

Se você ensina as pessoas a se tornarem melhores, já está contribuindo de forma poderosa para que se tornem melhores.

Goethe acertou no ponto. Mostrou ser realmente grande pensador e homem sábio.

"Trate-as como se fossem o que podem ser — escreveu ele — e as ajudará a se tornarem o que são capazes de se tornar."

Se você trata um homem nervoso, impulsivo, ofensivo, impaciente, como se fosse calmo, controlado, positivo e paciente, você o está ajudando a tornar-se assim.

Nesta forma de proceder, você evita de ser mal compreendido e insultado. Simplesmente você o está tratando como ele deseja ser tratado, o que o torna altamente receptivo.

Quem não gosta de ser valorizado?

Vendo no outro as qualidades que ele precisa ou deseja ter, está facilitando a que ele assim seja, pois esta imagem atuará de forma poderosa na mente consciente e subconsciente dele.

Richard Bach, em seu livro "Ponte Para o Sempre", dizia: "Para trazer qualquer coisa à sua vida, imagine que já está lá".

Para trazer qualquer coisa à vida de uma pessoa, imagine que já está lá. Se, imaginando que já está lá, você ajuda a tornar realidade o conteúdo da imaginação, nada mais correto do que vivenciar esta realidade.

Vamos supor que seu filho tem muita dificuldade nos estudos. Se você vive dizendo a ele que precisa estudar muito porque não tem inteligência e é duro de cabeça, está reforçando e solidificando o problema.

Toda mensagem que o subconsciente aceita como verdade, a executa. Portanto, a sabedoria está em transmitir ao filho afirmações que signifiquem o que você quer que ele seja. Diga, por exemplo: "Você é muito inteligente. Já mostrou muitas vezes que é inteligente. Então, estude com calma e tenha confiança em si, porque será sempre bem-sucedido".

E, a partir de agora, trate seu filho como garoto inteligente. Jamais torne a falar das dificuldades de aprendizado.

Ao considerar seu filho inteligente, estará gravando esta verdade no subconsciente dele.

Faça assim com seu marido, com sua esposa, com todas as pessoas, e estará dando a mais inteligente contribuição para que se tornem o que são capazes de se tornar.

Todo o defeito de uma pessoa não é nada mais do que a sombra da qualidade nela existente. Ilumine a qualidade e a sombra desaparecerá.

ENGANO: A VIDA NÃO É UMA LUTA

No outro dia, eu ouvia uma palestra em que o conferencista se firmava na idéia de que a vida é uma luta. E citava pensadores, poetas, filósofos.

O poeta Gonçalves Dias, em seu poema "Canção do Tamoio", escreveu:

"... a vida
É luta renhida:
Viver é lutar
A vida é um combate
Que os fracos abate,
Que os fortes, os bravos,
Só pode exaltar".

Quando se analisa profundamente a essência da vida, chega-se à conclusão de que é um equívoco dizer que a vida é uma luta.

Lutar significa enfrentar alguém ou algo que é contra você; é digladiarem-se duas forças antagônicas.

Se você disser que a vida é uma luta está afirmando que os outros estão investindo contra você ou que você está investindo belicosamente contra os outros, em todos os momentos do dia.

Isto não é verdade.

A sua vida é você. Neste caso, a vida seria uma luta se você estivesse constantemente lutando contra si. Isto só pode acontecer se está promovendo uma guerra interior. Ora, guerra interior produz devastação e destruição. Portanto, quem assim agisse estaria doente, perturbado, fora da realidade, fora de si, autodestruindo-se.

Na verdade, a essência do ser humano é amor, é luz,

é paz, é Deus.

Pense comigo: se a essência de toda criatura humana, feita à imagem de Deus, é amor, luz, paz, Deus, não existe conflito, nem luta entre seres da mesma dimensão superior, porque ninguém é mais e ninguém é menos do que ninguém.

Certa vez, eu li, numa revista, a seguinte frase: Se alguém é superior a você, por que brigar? Se alguém é inferior a você, por que brigar? Se alguém é igual a você, não há porque brigar, pois ambos tem a mesma compreensão de tudo.

Se os seres humanos são essencialmente iguais, lutar é idiotice.

Além do mais, todos somos um no universo, de tal forma que se eu luto contra alguém, estou, com efeito, lutando contra uma parte de mim mesmo, e isto não é certo.

Por outro lado, se todos somos um, a vida é comunhão, congraçamento, fraternidade, harmonia e solidariedade.

Toda a criatura humana tem Deus dentro de si, por isso tem o Poder Infinito, que tudo alcança e é a fonte de tudo. Quem possui esta verdadeira compreensão, não pode falar em luta ou conflito, já que não precisa tirar nada de ninguém e já que ninguém o está impedindo de nada.

Longe de ser uma luta, a vida é uma caminhada abençoada, alegre, feliz, agradável, saudável, fraternal, harmoniosa, pelos caminhos ensolarados e floridos deste paraíso terrestre, criado pelo Amor Divino aos seus filhos.

Você não vai lutar contra nada e contra ninguém. Você vai cumprir a sua missão maravilhosa, realizando os seus dons e procurando tornar ainda mais lindo este mundo que lhe foi dado por Deus.

— Mas, e a luta de cada dia? — insistirá você.

Não existe luta. Cada dia lhe abre as cortinas para que

você siga em frente, com fé e alegria, na realização da sua missão cósmica e humana.

Foi por isso que Jesus disse que a vida é um banquete; e eu continuo afirmando que a vida é uma festa.

Se você disser ou pensar que a vida é uma luta, seu subconsciente cumprirá sua imaginação e você gastará enormes somas de energias para alcançar o seu objetivo. Se você disser e pensar que a vida é uma festa, seu subsconsciente executará essa projeção mental, tornando a sua vida alegre e festiva.

ENGANO: O MUNDO NÃO É MAU

Abra as páginas da Bíblia e você verá que foi Deus quem criou o mundo. Continue a ler e aprenderá que também o ser humano foi criado por Deus. E, por fim, narra o livro sagrado: "E viu Deus todas as coisas que tinha feito, e eram muito boas".

Vivemos, portanto, num mundo maravilhosamente bom.

Contemple as flores, tão mimosas e lindas, envolvidas pela suavidade de fragrâncias inesquecíveis; olhe as estrelas, no seu espetáculo de luzes; erga os olhos para o céu e veja o azul infinito, galopado pela cavalaria branca das nuvens; percorra as matas, os rios, as cascatas, os lagos, os mares, as praias, as montanhas, os vales, as planícies sem fim; voe com os pássaros multicoloridos e caminhe com os animais portentosos ou delicados, meigos ou fortes, delgados ou troncudos...

Sim, este é um mundo lindo, aprazível, delicioso, fascinante.

Agora olhe ao seu redor: multidões humanas espalhadas por toda parte. Seres formados à imagem e semelhança de Deus. Inteligências de alcance ilimitado. Mentes de poder inesgotável. Corações feitos para inundar de amor o planeta.

Este é o mundo de Deus e o mundo de Deus não é mau.

No entanto, se gravarem na sua mente a imagem negativa de que o mundo é mau, cheio de inimigos, de perigos, estão, na verdade, transformando a verdadeira realidade da criação divina. Além disso, se incutirem na sua cabeça que o mundo é hostil, você corre o risco de gerar angústias existenciais, que podem desaguar numa depressão profunda. Este mal pode, ainda, ficar acrescido de um estado mental em permanente desconfiança, pavor, medo, impotência e desânimo.

Esta filosofia e teologia, ao invés de aproximar as pessoas, criando um elo transcendental de fraternidade, de boa vontade, de congraçamento, de comunhão, de solidariedade e de colaboração, cava abismos de separações sutis e subconscientes. E o ser humano entra em confusão mental pelas contradições que lhe são postas.

De um lado, insistem que deve haver solidariedade; de outro lado, pregam que o mundo é mau, que se deve fugir do mundo, que a vida está cheia de perigos, de hostilidades, de maldades e de ameaças.

Como pode uma pessoa amar e odiar ao mesmo tempo o mundo? Como é possível abraçar e ao mesmo tempo temer o ser humano?

Seria, talvez, como dizer que o mundo é bom e mau ao mesmo tempo; e que a criatura humana é boa e má ao mesmo tempo, vivendo com outros seres humanos que são filhos de Deus e filhos do mal na mesma essência.

— Pois bem — perguntará você — onde está a verdade?

A resposta é você que a dará.

O Mestre ensinou um dia: "Busque a verdade e a verdade libertará você".

Se nós acreditamos, porém, que o mundo e os seres que habitam este mundo são obra de Deus — chegaremos fácil à conclusão de que vivemos num mundo bom, num mundo lindo, num mundo abençoado, num mundo agradável, em convivência com seres humanos que são filhos de Deus, templos do Altíssimo, imagem divina, nossos irmãos de origem e de verdade.

Neste momento, nasce, com a espontaneidade da luz solar, uma linda canção de amor no seu coração, que será cantada em sinfonia com todos os seres amorosos do universo.

E você dirá, com emoção: o mundo é realmente bom.

CAPÍTULO 2
PENSE SAÚDE

Hoje, mais do que nunca, tornou-se verdadeira a predição do Dr. John Schindler quando afirmou, em seu livro "Como Viver 365 Dias Por Ano":

"As coisas mais absurdas que se imaginaram ou se poderiam imaginar antes de 1936, sobre o mecanismo da doença induzida pelas emoções, são insignificância comparadas às que têm sido descobertas. E a acumulação de novos conhecimentos apenas começou".

Vou contar para você algo que é uma verdadeira revolução no campo da Medicina convencional. Trata-se de um dos maiores avanços na compreensão das causas, dos efeitos e da cura das doenças.

Estudos e pesquisas científicas, realizadas por centros médicos, institutos, clínicas e universidades, descobriram que há uma inter-relação perfeita entre a mente, o cérebro e o sistema imunológico.

O sistema imunológico é composto pelos glóbulos brancos, entre os quais se destacam especialmente os Linfócitos T. São os encarregados de procederem à autodefesa do organismo contra qualquer invasão ou agressão doentia e nefasta.

Se o exército branco, encarregado de fortalecer e defender o vasto território do corpo humano, estiver bem preparado, em ordem, numeroso, forte, as doenças não se instalam. E, se porventura instalarem-se, serão vencidas e expulsadas pelos glóbulos brancos, sob o comando da elite, chamada Linfócitos T.

Se a doença ou a invasão de certos vírus, bacilos, bactérias ou micróbios nocivos encontrar esse exército dizimado e fraco, conseguirá ganhar terreno e apossar-se de alguma parte do organismo, instalando-se aí de forma autônoma, prejudicial e permanentemente agressiva contra o resto do corpo.

O que é que fortalece ou enfraquece os Linfócitos T e, conseqüentemente, o sistema imunológico?

PESQUISAS E DESCOBERTAS

"Mais recentemente — relata a revista Seleções, agosto/87, — uma notável série de experiências laboratoriais localizou com precisão o íntimo relacionamento entre o cérebro e o sistema imunológico".

Pesquisas realizadas pelo Professor Novera Spector, dos Institutos Nacionais de Saúde, dos Estados Unidos, bem como por estudiosos da Faculdade de Medicina da Universidade de Alabama, em Tuscaloosa, comprovaram a teoria.

Já os professores Allan L. Goldstein e Nicholas R. Hall, da Faculdade de Medicina da Universidade George Washington, descobriram que "o cérebro e o sistema imunológico se comunicam através de uma família de hormônios, chamados timosinas, e de outros elementos existentes no sangue".

Esta mesma revista colocou que "muitos cientistas estão atualmente investigando os efeitos de emoções específicas no sistema imunológico".

A psicóloga Margaret Kemeny, da Universidade da Califórnia, em Los Angeles, constatou que "casos de recorrências de herpes genital estavam relacionados com sensação de depressões".

Outra equipe de cientistas verificou que o estresse mental provoca danos no sistema imunológico.

Realizando uma experiência, a psicóloga clínica Janice Kiecolt-Glaser e o virólogo Ronald Glaser retiraram sangue de 40 estudantes de Medicina, em diferentes épocas do ano escolar e, por fim, durante os exames. Descobriram que o estresse arrasava o sistema imunológico deles.

O Dr. Isaac Djerassi, Diretor dos Serviços de Oncologia do Centro Médico Mercy Catholic, na Filadélfia, afirma que "atualmente dispomos de provas irrefutáveis de que uma atitude mental adequada pode ajudar o sistema imunológico a funcionar com muito mais eficiência".

Além disso, os pesquisadores de psiconeuroimunologia contam com provas evidentes de que as emoções, as atitudes mentais e a força de vontade afetam extraordinariamente o sistema imunológico.

Robert Adler e Nicholas Cohen, da Escola de Medicina da Universidade de Rochester, nos Estados Unidos, depois de experiências realizadas sob a inspiração do fisiologista russo Ivan Pavlov, concluíram que existe conexão entre o cérebro e as células sanguíneas especializadas que formam o sistema imunológico. (Visão, 29/6/88).

Outros cientistas descobriram que o sistema imunológico não apenas sofre interferência do cérebro como também se comunica diretamente com ele.

A doença é uma derrota temporária. Ponha em ação sua poderosa voz positiva e confiante de comando e seu exército de defesa destroçará os inimigos.

A mente age diretamente sobre o cérebro através de pensamentos, sentimentos e emoções. O cérebro, então, reage de imediato, liberando certos tipos de hormônios benéficos ou maléficos que, por sua vez, fortalecem ou enfraquecem os Linfócitos T. Assim sendo, a mente fortalece ou enfraquece o sistema imunológico, que é composto pelos glóbulos brancos e, especialmente, pelos Linfócitos T.

Os estados mentais positivos levam o cérebro a liberar um hormônio chamado Endorfina.

Endorfina é palavra composta do prefixo endo, que significa interno, e do vocábulo morfina, que é um anestésico, analgésico, sedativo.

A morfina, que você conhece, usada para aliviar ou eliminar a dor, é uma espécie de ópio. Em edições anteriores, eu dizia, baseado num cientista, que a morfina só produz efeito quando injetada diretamente no sangue. Recebi, posteriormente, xerox de páginas do livro "As Bases Farmacológicas da Terapêutica", de Loodman e Lilman, que diziam que a morfina também é aplicável por via subcutânea, intramuscular e oral. Consultei especialistas que me confirmaram a informação. Mas, o nosso assunto aqui é a endorfina.

— Qual é a ação da endorfina?

Este hormônio, produzido pelo cérebro, alivia ou elimina totalmente a dor, tanto física quanto emocional. Além disso, pode produzir sensação de bem-estar, de euforia, de prazer, de êxtase até.

Mais ainda: as endorfinas atuam sobre o sistema imunológico, fortalecendo os Linfócitos T.

— O que é que move o cérebro a liberar as endorfinas?

São os estados mentais positivos. Por exemplo, pensamentos, emoções e sentimentos de alegria, de paz, de amor, de felicidade, de autoconfiança, de fé, de bom humor, de relaxamento, de euforia, de idealismo, de coragem, de alegre expectativa, de sucesso, de vitória, de força de vontade, de elan, de generosidade, de boa vontade, de ternura, de iluminação interior, de sonhos e desejos grandiosos acreditados.

A MENTE, O CÉREBRO E A ENDORFINA

Mentalizações positivas em nível beta, alfa ou teta, agem poderosamente sobre o cérebro, que libera grandes quantidades de endorfinas, produzindo agradáveis sensações e fortalecendo o sistema de autodefesa orgânica.

Orações positivas e cheias de fé são, por isso mesmo, poderosos fatores de saúde e de cura.

Meditações sobre o Bem, sobre Deus, sobre o Amor infinito, sobre o Poder Infinito, sobre a Sabedoria Infinita, sobre a Presença Divina, sobre a Perfeição Total, sobre a harmonia cósmica, sobre a comunhão universal, sobre a Luz Divina, sobre a essência infinita do ser humano, sobre o Reino dos Céus, sobre a iluminação interior, sobre a felicidade — também produzem efeitos altamente benéficos no corpo humano.

Estados mentais positivos de contemplação interior sempre provocam bem-estar.

A integração mental e emocional com a natureza estimula positivamente o cérebro, produzindo a endorfina do prazer e beneficiando a saúde.

Também quando você se liga interiormente em Jesus Cristo, no Pai Celestial, em Maria Santíssima, nos seus santos e anjos protetores, sentindo emoções positivas, estas atuam no cérebro liberando a endorfina, que não só alivia a dor, como pode levá-lo, inclusive, ao êxtase.

Agora você consegue raciocinar porque o estado de fé indescritível, alcançado por certas pessoas, em determinados momentos, chega a eliminar a dor e a curar o corpo.

O Dr. Sang Lee, formado em Medicina na Coréia, e especialista em Medicina Interna e Alergia, pelos Estados Unidos, afirmou que "a mente e o corpo são um todo. Quando há uma situação alegre e esperançosa, a química cerebral se altera, liberando um tipo especial de hormônio, chamado endorfina, que fortalece o sistema imunológico, podendo, inclusive, eliminar células cancerosas".

Lembre-se que a sua mente é a insubstituível farmácia do corpo.

OS EFEITOS DA ENDORFINA

Normam Cousins era editor da revista americana Saturdey Review. Este homem sofreu de artrite espinhal e estava condenado a passar o resto dos seus dias no leito, com o corpo rígido como uma estátua.

Certa feita,Cousins ouviu o médico canadense Hans Selye falar que o estresse afeta a química do corpo e predispõe o organismo à doença.

Diante dessa colocação, Norman raciocinou: "Deve suceder o contrário com quem libertar as tensões. Emoções positivas, como a alegria, devem tornar o corpo saudável".

Passou a praticar a "terapia da fé e do humor", conseguindo curar-se. Tornou-se até jogador de tênis nas horas de folga.

A revista Planeta, da Série Ouro, conta o caso de um jovem lavrador, chamado Roy Tapping, que, num certo dia de 1983, enquanto trabalhava no campo, perto de Oxford, teve o braço separado do corpo na altura do ombro, por uma máquina colheitadeira. O rapaz não só não desmaiou como pegou o braço decepado e caminhou um quilômetro até o hospital onde, numa cirurgia bem-sucedida que durou dez horas, os médicos conseguiram reimplantar o braço do agricultor. Com certeza, o cérebro deve ter liberado uma grande dose de endorfina, a qual, como você viu, tem ação tanto anestésica como imunológica.

Durante a última guerra, notava-se que os soldados feridos seriamente, que deviam ser remetidos de volta para casa, suportavam os ferimentos com muito menos morfina do que aqueles cujas lesões mais leves determinariam seu retorno ao campo de batalha. A explicação é que a agradável expectativa do retorno ao lar, ativava a produção da endorfina no cérebro.

Quantos jogadores de futebol, que sofrem machucaduras intensamente doloridas e conseguem continuar jogando, sem sentir as dores e os efeitos da lesão! O entusiasmo, a vontade de jogar e ganhar, a atenção voltada para a partida e a expectativa da vitória, não raro emocionalizada pela torcida, levam o cérebro a ativar a produção da endorfina.

Terminado o jogo, aí, sim, sentem dores fortíssimas.

ESPECULAÇÕES SOBRE O ASSUNTO

Nesse momento, eu parei de escrever, finquei as mãos no queixo e comecei a imaginar o que, na verdade, teria ocorrido no corpo de Jesus Cristo, dos santos e mártires, quando foram submetidos a tão dolorosos sofrimentos. Não poderia ter acontecido que a Força Interior, a fé, a irresistível elevação espiritual, atuassem fortemente sobre o cérebro, desencadeando grandes doses de endorfina, a qual elimina a dor e produz sensação agradável?

E essas pessoas que passam em cima de brasas, por exemplo na noite de São João, sem sofrer queimaduras?

Não é possível que uma pessoa, em transe ou em êxtase,

não sinta cansaço?

Nunca percebeu você que tudo o que faz por amor, com gosto, por prazer, sente muito menos cansaço do que aquilo que deve realizar por obrigação, desinteressadamente e em estado de conflito?

No meu Livro "O Poder Infinito da Sua Mente", escrito em 1980, eu já colocava: "Sua mente age e seu corpo reage. Portanto, queira bem ao seu corpo. Ame-o. Não o perturbe e nem o castigue, gerando pensamentos negativos e destrutivos em sua mente.

Mente doente, corpo doente.

Mente sadia, corpo sadio".

Se você soubesse o poder que a sua mente exerce sobre o corpo, tanto na direção da doença quanto da saúde, se dedicaria muito mais a estudar essa realidade.

O Dr. Sang Lee, médico coreano, contou que "até mesmo uma senhora, de 70 anos, que não podia andar, está agora escalando montanhas de 3.000 metros de altura. Creio que Deus nos deu tanta vitalidade, que podemos viver com saúde neste mundo, uma vez que não arranjemos problemas deliberadamente".

COMO A MENTE NEGATIVA ENFRAQUECE O SISTEMA IMUNOLÓGICO

Você já sabe que as atitudes positivas e alegres fortalecem o sistema imunológico e produzem sensações agradáveis de bem-estar, aliviando as dores.

Agora você verá, por outro lado, que estados mentais negativos enfraquecem os Linfócitos T e causam sofrimento. É o que acontece quando a pessoa está deprimida, irada, abatida, negativa, desiludida, fracassada, acuada, estressada, sofrida, desanimada, triste.

Quando alguém está com raiva, por exemplo, este estímulo chega ao cérebro e o induz a produzir o hormônio errado, ou seja, a adrenalina. Esta enfraquece os Linfócitos T.

Os glóbulos brancos, sob o comando dos Linfócitos T, são os encarregados da autodefesa do organismo.

Se esse exército for dizimado, as doenças progridem e proliferam.

Pense comigo: se você está doente, seu sistema imunológico está enfraquecido; caso contrário, o sistema imunológico impediria a doença. Isto significa que você precisa urgentemente fortalecer os Linfócitos T. Ora, se você se entrega ao desânimo, ao estresse, ao abatimento, ao negativismo, além de não fortalecer o exército de defesa do organismo, o está debilitando ainda mais.

Se uma pessoa, por exemplo, sofre de câncer ou de aids, está visto que seu sistema imunológico está fazendo água, está pedindo socorro, está combalido.

Você o fortalece pela alegria, pela fé, pela força do vontade, pela expectativa de cura, pelo ânimo, pela autoconfiança, pela oração ou mentalização da saúde, pela imaginação positiva, pela Força Interior, pela palavra criadora, enfim pelos estados mentais positivos e saudáveis.

Mas, se, ao contrário, você se fecha em si mesmo, desiludido da cura, decepcionado com a doença, descrente de qualquer método curador, revoltado contra si, contra Deus e contra o mundo, renitente a qualquer esforço benéfico, trancado no seu quarto escuro, assim estará retirando todas as condições para que a mente e o corpo lutem por sua cura.

Eu tenho visto pessoas sobrepujarem o câncer e a aids até o dia em que caíram no desânimo total. Aí a derrocada foi rápida.

O médico norte-americano John Diamond escreveu, em 1979, que "os pensamentos odiosos e destrutivos podem esvaziar nossa energia vital (thimos) e os pensamentos criativos e cheios de amor podem aumentá-la".

Diz a revista Visão, em artigo sobre Medicina: "É imenso o número de pessoas que têm a saúde comprometida por choques emocionais causados pela não realização de um sonho ansiosamente aguardado, pelo desgosto com a morte de um parente ou pela aproximação de exames ou entrevistas. É menor, porém igualmente elevado, o número dos que não chegam a ter a saúde abalada, nem vêm a falecer em função dessas emoções mal administradas, mas que ficam temporariamente paralisados por problemas estomacais, intestinais, cardíacos, dermatológicos e por outras desordens orgânicas mal explicadas". (29/06/88).

Aqui é bom informar você de que não é uma simples emoção negativa ou positiva, bem como não é apenas uma esporádica mentalização positiva ou imaginação pessimista, que vai acarretar, desde logo, uma catástrofe orgânica ou doença. Assim como uma pedra só não destrói e nem constrói uma casa, não são momentos esparsos e casuais de pensamentos ou sentimentos negativos ou positivos que vão produzir uma realidade mental e orgânica. Não é, pois, uma emoção e sim um estado emocional que vai produzir uma realidade benéfica ou maléfica na mente e no corpo. Não é um pensamento apenas que vai modificar o seu ser, mas um estado mental. Não é uma meditação que vai mudar a sua vida, mas a realidade mental assimilada e vivenciada.

Não esqueça, porém, que de pedra em pedra se faz uma montanha, de tijolo em tijolo se faz uma casa, de grão em grão de areia se faz uma praia, de gota em gota se faz um oceano.

No meu livro "O Poder Infinito da Sua Mente", escrevi:

"Como o corpo reage aos estímulos da mente, se você mantém pensamentos de tristeza, de mágoa, de inveja, de ódio, de raiva, de depressão, de angústia, de carência, de solidão, de egoísmo, de vingança, de ciúmes doentios, de malquerença, de pessimismo, de discórdias, de ganâncias, de avareza, de orgulho, de nervosismo, de aflição, de preocupação, de desilusão, de fracasso, de desamor, de descrença — esses pensamentos produzem desajustes e desarmonias no corpo e daí nascem as doenças".

Você tem uma energia mais do que atômica dentro de si e pode usá-la para destruir-se ou para construir uma vida saudável e rica.

A CURA PELO RISO E PELA ALEGRIA

Comprovando o efeito benéfico da endorfina na cura dos pacientes, alguns hospitais americanos estão criando atividades humorísticas, com o intuito de acelerar o processo de recuperação. Fica mais uma vez comprovado o velho ditado de que rir é o melhor remédio. Aliás, a Bíblia já o afirmava, há milhares de anos: "O coração alegre serve de bom remédio, mas o espírito abatido virá a secar os ossos".

Em artigo de Jane Brody, publicado no jornal "New York Times", consta que "diversos hospitais em todo o país começaram recentemente a fazer circular, em suas dependências, carrinhos com livros, fitas de humor, brinquedos e jogos capazes de divertir os pacientes. Alguns desses hospitais organizaram "salas de humor", onde os doentes e suas famílias podem se unir aos funcionários para rir ante o estímulo de vídeos engraçados, anedotas, e por apresentações humorísticas, muitas vezes a cargo dos próprios pacientes".

O escritor relata que o Hospital St. Joseph, de Huston,

no Texas, determina que suas enfermeiras contem pelo menos uma história engraçada por dia aos seus pacientes.

Na Universidade de Ciências da Saúde, em Oregon, chegou a ser criada uma associação denominada "Enfermeiros para o Riso", cujos membros usam distintivos com a frase: "Cuidado, o riso pode ser perigoso para a doença".

Dias atrás, contou-me uma amiga que um médico anestesista de certo hospital da cidade de São Borja, no Rio Grande do Sul, procurava saber qual era a música preferida dos pacientes que iam submeter-se à cirurgia. Ao retornarem ao quarto, após a intervenção cirúrgica, voltavam a si ouvindo essa música predileta. O médico observou que isso lhes causava sensação agradável, prazer, aliviando as dores e facilitando a recuperação das energias.

Esta descoberta casual tem respaldo na Medicina, pelos efeitos benéficos da endorfina.

Aliás, pesquisadores do Nacional Câncer Institute, dos Estados Unidos, chegaram à conclusão de que as pessoas felizes são setenta vezes menos suceptíveis de contrair qualquer doença, inclusive o câncer.

O Dr. Sang Lee, já citado, afirmou que a dor tem íntima relação com as emoções. Tem a ver com a quantidade de endorfina produzida. Então, os cientistas descobriram que a endorfina, além de agir como a morfina, aliviando a dor física, também alivia a dor emocional. E, mais tarde, descobriram que a endorfina fortalece os Linfócitos T, do sistema imunológico. Em outras palavras, a paz e a alegria produzem endorfinas e, desta maneira, fortalecem o sistema imunológico.

Decida-se, pois, desde já a levantar o astral, a rir à vontade e a cultivar a alegria, pois, além de tudo o mais, trata-se de um ótimo método terapêutico.

* MENTALIZAÇÃO DA ALEGRIA

"Alegria, alegria. A vida é uma festa. Jogo fora toda a tristeza e decepção. A vida começa agora, e agora estou numa boa, radiante como um lindo dia de sol.

A vida é o mais lindo dom de Deus, por isso a estou curtindo com toda vitalidade e esplendor.

Cada passo é um movimento de alegria; cada palavra é palavra de alegria; cada gesto é gesto de alegria; cada pensamento é pensamento de alegria.

Sinto a vida a meu favor.

Eu amo esta vida, que está se tornando cada dia melhor.

A vida é uma festa para mim". (Do livro "O Poder Infinito da Oração").

VOCÊ É O SEU PRÓPRIO REMÉDIO

Chegou a hora de mudar totalmente as atitudes mentais. Não importa se, até aqui, você vivia no mundo da sua própria desolação. Este é o momento em que, a exemplo do que aconteceu com o filho pródigo dos evangelhos, você vai levantar-se, sacudir o torpor e o desânimo, e vai mergulhar, com fé e alegria, na mentalização da saúde, da cura, da felicidade, do sucesso e do bem-estar.

Está começando, neste instante, o seu milagre.

A força todo-poderosa, que age na mente e no corpo, está dentro de você.

Veja só que maravilha: você é o seu próprio remédio.

Nenhuma doença resistirá ao estado mental positivo, alegre, vigoroso e cheio de fé.

Lembre-se de que o Mestre já dizia que a fé remove

montanhas. E a fé é a energia fantástica que existe dentro de você.

Sem dúvida nenhuma, você é muito maior do que a sua doença.

O psiquiatra Arnold Hutschneker, no seu livro "A Vontade de Viver", escreveu uma frase, que há de ser mais uma força para você: "Se realmente desejamos viver, se temos incentivo para viver, se temos alguma coisa para a qual vivemos – então, estejamos embora muito doentes, se não esgotamos as nossas últimas energias físicas, não morreremos. Vivemos porque queremos viver".

Sim, você deseja viver. Basta você se concentrar, por meia hora, sobre si mesmo, e verá que há tantas razões poderosas e irresistíveis pelas quais deseja ardentemente viver. Agarre-se com mãos e pés nesses motivos grandiosos, como o amor, a esposa, o marido, os filhos, os empreendimentos, os amigos, os ideais, os projetos, a alegria de viver, o maravilhoso milagre da vida, os netos, o seu barco, a chácara, o cachorrinho, a sua invenção, seja o que for, e torne tudo isso uma fonte inesgotável de energias positivas, de alegria, de forte expectativa. E mentalize a saúde, imagine-se realizando esses desejos, acredite nessa realidade mental. Dessa forma, estará remetendo poderosos impulsos ao cérebro, que reforçará os Linfócitos T, os quais se dedicarão, com força, amor e coragem, à luta contra o mal que se abateu sobre você. E você ganhará a batalha, porque você é muito maior e mais poderoso que a sua doença.

Seja um vencedor desde já.

Pensar é poder.

Pode quem pensa que pode.

Realiza quem acredita que já realizou. Exatamente como ensinou o Mestre Jesus: "Crede que tendes alcançado e alcançareis".

Quando você levanta sua mente, tornando-se positivo e otimista, já começou a cura da sua doença. A força e a energia nascem na mente e se expressam no corpo.

TUDO TEM SOLUÇÃO

A capacidade do ser humano supera em muito a marca já atingida até o dia de hoje. Vai, até mesmo, além da própria imaginação.

Com isto, quero dizer que você não deve entregar as armas diante de qualquer situação que lhe pareça desesperadora ou irreversível.

No âmago do ser humano existe uma Sabedoria Infinita, capaz de alcançar a solução de tudo e a resposta para tudo.

A própria história da humanidade já é uma comprovação do que estou afirmando.

Vou dar-lhe alguns exemplos das maravilhas que vêm acontecendo no mundo da saúde, da vida, da recuperação da perfeição física.

Entre os fenômenos das Olimpíadas do passado está o atleta Ray Ewry. Este moço teve poliomielite, em pequeno, que o deixou preso à cama. Aos dez anos de idade, conseguiu caminhar, com enorme sacrifício, auxiliado por um par de muletas. Aos vinte anos, já era um dos melhores atletas da Purdue University. Em 1.900, quando das Olimpíadas de Paris, Ewry tinha vinte e sete anos. Representando o New York Athletic Club, Ray ganhou três medalhas de ouro no salto e teve sua grande vitória pessoal.

A atleta Vilma Rudolph também teve poliomielite e não só recuperou a perfeição como bateu todas as concorrentes super-saudáveis na corrida dos cem metros, durante as Olimpíadas de

Roma, em 1960. Ganhou medalha de ouro.

Certo dia, eu assistia a um programa educativo da Tevê Globo e lá disseram que o Tarzan, do cinema norte-americano, foi retardado mental até os seis anos de idade.

Acabo de ler a revista "Pais e Filhos", de agosto de 1988, onde consta que "Renata Maria Fragoso Certain, com apenas doze aninhos, transformou-se num precioso exemplo para milhares de crianças e pais do mundo inteiro. Portadora da Síndrome de Down, mais conhecida por Mongolismo, a menina, recentemente, conquistou todas as primeiras colocações nas provas de natação da VIII Olimpíada Especial do Estado de São Paulo, e já se prepara para disputar a Olimpíada Brasileira, em outubro. Carregada de medalhas e dedicada nos treinos, Renata é um caso raro de criança portadora da Síndrome de Down, que consegue levar vida normal. Cursa o Primeiro Grau, nunca teve que tomar remédios e alimenta-se muito bem".

Esses e muitos outros exemplos mostram que tudo tem solução.

Lembre-se que o amor é a força todo-poderosa que cura, regenera e aperfeiçoa o ser humano.

Se na sua família há casos de paralisia, mongolismo, autismo, e outros problemas, nunca deixe de ver essa criaturinha maravilhosa como filha de Deus perfeita, cuja matriz divina é e continua perfeita, esperando que o milagre do amor, da paciência, da persistência e do uso de todos os recursos da ciência expressem essa realidade que, em essência, já existe.

Claude Bristol e Harold Shermann escreveram certa vez: "Nunca repita que alguma coisa é impossível, não importa, no momento, quão impossível lhe pareça".

Todo ser humano é filho de Deus perfeito, portanto carrega em si a capacidade e as condições essenciais da perfeição.

A DISTÂNCIA ENTRE A VIDA E A MORTE

Tempos atrás, ouvi o depoimento de uma senhora, que estava atravessando um péssimo momento na sua vida. A escuridão tomou conta da sua mente, o desespero passou a perturbar o seu raciocínio e teve vontade de jogar a vida no abismo do suicídio.

Queria morrer.

De repente, sentiu como que uma explosão de luz na sua cabeça. Ora, se a vida é uma festa, que estava ela fazendo no meio de tanta escuridão?

Reagiu com todas as forças mentais, a tal ponto que, naquele mesmo instante, como por milagre, sentiu-se tomada de paz e de alegria.

Superou a agonia.

Eis aí uma lição poderosa para a gente nunca desanimar.

A distância entre o desespero e a alegria de viver é apenas de um pensamento.

A distância entre a noite e o dia, entre a tempestade e a bonança, é de algumas horas, mas a distância entre o desespero e a paz pode ser de apenas alguns instantes.

A luz, segundo os entendidos, percorre a distância de trezentos mil quilômetros por segundo; o pensamento é mais rápido.

FAÇA-SE A LUZ E A LUZ SE FARÁ

O desespero toma conta de uma pessoa ou porque o criou na sua mente ou porque o aceitou. Portanto, o primeiro passo é não criar o mal na mente ou não aceitá-lo. O segundo passo é criar a luz dentro de si, através da energia do pensamento.

Luz é energia; pensamento é energia.

O seu pensamento positivo é uma energia tão poderosa, que é capaz de transformar as trevas em luz e o desespero em felicidade.

Diga agora mesmo para si: "Faça-se a Luz dentro de mim". E a Luz se fará. Neste instante, você estará acionando a energia mais poderosa do mundo, que há de realizar o milagre da sua paz interior.

Ao invés de mergulhar na escuridão do sofrimento e da morte interior, busque a Luz que existe dentro de si.

Acredite que, neste momento, está saindo do fundo do poço, e uma Força Superior realizará o milagre.

Volto a insistir: A distância entre a vida e a morte, entre o desespero e a alegria de viver é apenas a distância de um pensamento.

Use o seu Poder Interior e diga para si mesmo, com fé e com firmeza: "Faça-se a Luz dentro de mim". E assim será.

LIBERTE-SE DAS OBSESSÕES

Numa das últimas Noites da Cura, realizada no Estúdio Alfa, proferi palestra sobre a libertação de um dos mais agudos males da nossa época: a obsessão.

Às vezes, acontece um baque na sua vida, um problema maior, uma situação desagradável, um acontecimento que abala a sua posição social ou familiar, e essa idéia negativa, ou imagem obscura, vai se fixando na sua mente. A todo instante você se flagra com o pensamento voltado para o problema. Mesmo quando está lendo jornal, ou vendo televisão, ou conversando, ou dirigindo carro, esse pensamento atropela os outros e toma conta da sua mente. Acaba transformando-se numa obsessão.

E a obsessão torna-se um problema mental e físico. Causa-lhe cansaço e esgotamento. É como se você estivesse caminhando na calçada e, a cada instante, tropeçasse numa pessoa, num poste, numa caixa: quando chega no seu destino, está esgotado. Fez o que deveria fazer, que é um determinado percurso, mas gastou muito mais energia do que o necessário.

A continuar essa idéia fixa na sua cabeça, pode acabar tomando conta de você e da sua vida.

IDÉIAS IMPULSIVAS E DEPRESSIVAS

A obsessão pode ser provocada por idéias impulsivas, como aqueles que lutam para passar no vestibular, estudam de dia e de noite, todos os dias, sem trégua, e, por fim, acabam não passando no vestibular por esgotamento. Morrem na praia, como se diz.

Há os que se fixam no seu negócio e nada mais entra dentro da cabeça. Há os que se deixam envolver por situações de competição exaustiva; os que têm pressa exagerada em tudo, achando que devam conquistar o mundo em oito dias; os que são impulsionados por uma paixão que não vê mais nada além disso. Há outros exemplos por aí.

E existe, ainda, a obsessão por idéias depressivas, idéias que causam abatimento, tais como ansiedade vaga, insegurança, conflito familiar ou social, fracassos, dívidas consideradas insuperáveis, desprestígio, medos profundos, assim por diante.

Uma jovem solteira, por exemplo, que engravida e começa a imaginar a decepção dos pais; o medo que a expulsem de casa; o que vão dizer os parentes, amigos e conhecidos; os comentários dos colegas; o medo do futuro; e essas idéias vão tomando conta da cabeça, como uma pua que vai varando a mente.

LIBERTE-SE

Você já viu que a obsessão não é nada mais que pensamento negativo fixado. É o uso do Poder da Mente pelo lado avesso. Lembre-se, antes de tudo, que sempre existe solução para qualquer situação. Você tem dentro de si uma Sabedoria Infinita que, se invocada, orienta seus passos para uma maravilhosa solução; e tem, no seu interior, um Poder Infinito, que remove todas as barreiras e tudo lhe alcança.

Se você está afundado em dívidas, apavorado de não poder pagá-las, imaginando a desmoralização diante da sociedade, saiba que dentro de si está a fonte do Tesouro Infinito. Neste caso, leia o meu livro "Você tem o Poder de Alcançar Riquezas".

EPIDEMIA NO MUNDO DE HOJE: DEPRESSÃO

Talvez, até, seja difícil encontrar uma pessoa que não tenha sofrido de depressão passageira. Mas, há inúmeras pessoas que afundam em depressão crônica.

A depressão é uma desgraça, porque a pessoa perde o ânimo, baixa as energias internas, sente-se combalida e sem forças. É como um pneu furado ou como um balão esvaziado.

SINTOMAS E CAUSAS

Entre os sintomas mentais, sabe-se que a depressão produz falta de ânimo, insegurança, perda de incentivo para a vida, alheamento dentro de si, dificuldades de tomar decisões; a pessoa se vê acuada com medo do desempenho da concorrência, dos colegas, dos chefes; detesta o ambiente de trabalho, por imaginá-lo demasiado agitado; sem confiança em si; intranqüila; vê o seu dia-a-dia como uma sucessão sem sentido; sente-se vítima e acha que ninguém a compreende, nem a valoriza; culpa os outros pela depressão; fica temerosa de tomar iniciativa; quer ficar isolada...

A causa da depressão é sempre mental, provocada pela reação psicológica negativa aos acontecimentos da vida, como fracasso no negócio, perda de um ente querido, decepção no amor, demissão do emprego, brigas, desentendimentos, injustiças, assim por diante. O ódio, a inveja, a suspeita e o medo são pensamentos negativos que tendem a baixar a energia vital ao passo que pensamentos positivos e cheios de amor aumentam a energia interna.

COMO CURAR

Se a causa da depressão está na mente, a cura se processa quando são mudados os padrões mentais de pensamento.

A psicoterapia para a depressão — como a entendo — está em ajudar o paciente a criar uma resposta positiva aos seus males. A cura ocorre no momento em que a pessoa se torna positiva, alegre, cheia de vida, feliz, animada, iluminada pela fé na realização de seus ideais.

ONDE ESTÁ A CAUSA DA DEPRESSÃO? NA MENTE OU NO CORPO?

Se uma pessoa busca o tratamento da depressão em remédios para o organismo, está entendendo que a depressão é um mal físico.

Na verdade, os problemas de saúde, que ocorrem ao indivíduo deprimido, são conseqüências da depressão e não a causa.

A depressão é estado mental. Mas, a causa deste estado mental pode até ser uma doença orgânica, isto é, o conhecimento de que está com câncer, ou com aids, ou com diabetes; como pode ser um fracasso nos negócios, o divórcio, a desavença com um irmão, a perda de um ente querido, uma injustiça recebida, assim por diante.

Não é, pois, o corpo que produz a depressão, mas a mente deprimida é que aflige o corpo, perturbando a harmonia das funções vitais, combalindo as energias físicas, deteriorando as forças.

O resultado é o corpo cansado, nervoso, abatido, fraco, com largas sensações de dor, prisão de ventre ou diarréia, taquicardias, tonturas, respiração irregular, perda do apetite, desinteresse sexual, insônia e outros males.

O colapso da energia interna produzirá o colapso da energia externa.

OS ANTIDEPRESSIVOS

Raphael Lenné, em seu livro "Como vencer o Esgotamento", escreveu: "Desde que surgiram os psicotrópicos antidepressivos, os psiquiatras vêm tentando aplicar estes medicamentos para impedir o surgimento de uma nova fase depressiva. Portanto, não os interrompem, embora administrem em doses menores. Os resultados, porém, foram decepcionantes; a nova fase veio, apesar de tudo. Aumentou-se, então, a dose, mas o remédio não produziu mais efeito. Portanto, mais um fracasso".

É o que se vê, também, com as pessoas viciadas em tóxicos; precisam cada vez mais do produto, e com freqüência cada vez maior, para superar as crises depressivas que se sucedem ao uso da droga. Daí, então, ocorrem casos de pessoas morrerem por superdoses.

Sucede, às vezes, no entanto, que o paciente está tão

sem ânimo que o médico entende por bem dar-lhe comprimidos para ativar os impulsos cerebrais, como ponto de partida, para ver se a pessoa, daí por diante, se ajuda a si mesma.

ATIVE AS ENERGIAS MENTAIS

Aqui eu quero apenas citar o psiquiatra Alexander Lowen: "Quanto mais eu pensava no problema da depressão, mais convencido me tornava de que a questão da fé era importante para a sua compreensão. No início, não tinha uma concepção definida do que seria fé. As pessoas pareciam ter tantas fés diferentes; contudo, apesar das diferenças, a pessoa com fé não fica deprimida. Enquanto a fé da pessoa for forte e ativa, manterá o movimento da vida, que é o que o indivíduo deprimido não consegue fazer. Fui forçado à conclusão de que o paciente deprimido é uma pessoa sem fé. Ele não pensa sobre si mesmo dessa maneira. Como psiquiatra, eu o via como uma pessoa doente, alguém cujo funcionamento como ser humano está perturbado tanto a nível psicológico como no físico. Em qualquer caso, permanece verdadeiro que há uma conexão íntima entre sua doença e a perda da fé". (Do livro "O Corpo em Depressão").

Há uma tendência bastante acentuada, entre as pessoas, de remoerem os seus males, contando-os a todo mundo.

Às vezes, acontece como aquela piada do sujeito que foi ao analista, porque estava cheio de problemas. A vida dele era um rosário permanente de problemas. Na última vez que visitou seu médico, falou, muito apreensivo:

— Olha, doutor, vim aqui porque devo estar com um problema muito sério.

— Qual é o seu problema?

— O meu problema é que agora não tenho nenhum problema. Isso não é normal.

Sempre que alguém ficar repisando os seus males e dificuldades, seja para os amigos, seja para o analista ou médico, estará diminuindo suas energias vitais, porque a palavra produz a energia do conteúdo da palavra. Palavras, imagens e lembranças negativas produzem energias negativas, isto é, produzem menos energia positiva.

— Mas, se revolver o passado não traz a cura, como se faz? — perguntará você.

A resposta já está dada pelo Dr. John Diamond: "A psicoterapia não é para ajudar o paciente a expulsar suas emoções negativas, mas para ajudá-lo a transformá-las em positivas".

Continua escrevendo Diamond: "Pense apenas: você pode passar anos na terapia e, sessão após sessão, seu timo enfraquece porque você está tratando continuadamente com o que é negativo. Talvez você saia do tratamento com uma compreensão melhor dos seus problemas, porém, no fim, o resultado será uma diminuição de sua Energia Vital.

— Mas, dirá você, a psicoterapia não é isso: discutir o que está errado para que possa ser aliviado?

Sim, claro, mencione a todo custo o que está errado, mas não fique discutindo, analisando e remexendo nisso. Exponha suas emoções negativas e mude-as para positivas imediatamente, aqui e agora. Se proceder assim, você vai sair da sessão com um passo mais leve, com um sorriso no rosto".

E, quanto ao fato de a pessoa ficar, por outro lado, sempre se lamentando, ensinam os psiquiatras Frank Caprio e Joseph Berger que a pessoa deve dizer-se: "Recuso-me a ser dominado pelo sentimento de autopiedade. Lamentando-me, só farei com que as coisas piorem".

ONDE SE SITUA A CURA

Eu sempre falo, nas palestras, que a cura da depressão não está no conhecimento das causas, mas na mudança dos padrões de pensamento e de sentimentos. Somente nesse momento acontece a cura.

Uma pessoa não fica curada de sua depressão porque descobriu a causa da mesma, mas porque mudou o seu estado mental. A cura está na mudança da mente.

— Mudar como?

Pense alegria, felicidade, amor; imagine-se cheio de vida, iluminado positivamente. Ponha fé na sua mente e acredite que agora você é outra pessoa e sua vida está cada dia melhor e melhor.

Como o pensamento produz a realidade do seu conteúdo, agora a sua realidade é essa. Portanto, está curado.

Se, ao invés de amaldiçoar a sua escuridão, acender um fósforo, já haverá luz na sua mente. E luz é energia positiva.

AS DROGAS PARA ALEGRAR A MENTE

Pode ter acontecido que você tenha se sentido nervoso, deprimido, tomado de ansiedade. É um desconforto do qual você busca livrar-se o mais rápido possível. Para isso, apela para as drogas, ou seja, para os calmantes, para os sedativos, para os euforizantes, para os excitantes, ou coisa parecida. Se assim você proceder, está tentando apenas eliminar o efeito sem eliminar a causa, e acaba não conseguindo nem uma coisa e nem outra.

Excitação nervosa, depressão, ansiedade, são conseqüências de uma situação mental ou emocional.

Suponhamos que você deve proferir um discurso esta

noite e, à medida que a hora vai se aproximando, o nervosismo passa a tomar conta de você; de repente, seu namorado diz que está tudo acabado entre vocês e, então, você sente uma nuvem negra escurecendo a sua mente; no outro dia, seu amigo, ou seu sócio, ofendeu você e esta situação abateu seu ânimo; quem sabe, ontem fez um péssimo negócio, perdeu dinheiro, e agora anda deprimido como nunca. Há inúmeras situações na vida em que sua mente recebeu um impacto emocional negativo, que acaba abalando um pouco as estruturas mentais, emocionais e físicas.

A capacidade de reagir a certas vicissitudes desagradáveis, que acontecem no dia-a-dia, varia de pessoa para pessoa. Há pessoas que nem esquentam a cabeça em face de uma ofensa, de um desaforo ou de um insucesso na profissão; outras pessoas, devido ao aprendizado da ciência do Poder da Mente, trocam logo de pensamento, mentalizam a solução e seguem em frente, com fé e renovado ânimo; pessoas outras há que recalcam os seus desagrados, jogando-os para o fundo do depósito mental, até que estoure; e há, ainda, alguns tipos de pessoas que afundam numa tristeza, desânimo e depressão sem fim. Estas se mostram sempre sensíveis, captam os males do mundo, e vivem cultivando sofrimentos sobre sofrimentos. Neste caso, o organismo começa a se ressentir e a reclamar. Surgem os sintomas e os mal-estares, que podem abalar os nervos, produzir taquicardias, provocar úlceras, abater as energias físicas, promover insônias, causar prisão de ventre ou disenterias, gerar dores de cabeça, assim por diante. Daí, para tentar a solução através de comprimidos, calmantes, excitantes, vai um passo. É que pouca gente se dá conta de que os males da mente devem ser curados na mente. Se você está triste, precisa urgentemente criar a energia da alegria; mas, lembre-se que tristeza e alegria são estados mentais.

Pensamentos de alegria, imaginações de alegria, mentalizações de alegria, orações de alegria produzem a alegria e, conseqüentemente, fazem desaparecer a tristeza.

Rompa o mau hábito dos pensamentos e sentimentos negativos de tristeza, de desânimo, de abatimento, de ansiedade, criando pensamentos positivos de alegria, de fé, de segurança interior, de crença no poder da sua mente, de reconhecimento da existência de uma Força interior, que remove todas as montanhas de obstáculos e realiza os seus sonhos e desejos.

Quero fechar este comentário citando Milton Powell, no seu livro "Doenças Nervosas": "É falacioso acreditar no efeito fácil dos remédios, ou que a perda dos maus hábitos é sempre lenta e dolorosa. De fato, as drogas apenas prolongam e pioram a doença, além de permitirem ao doente manter os maus hábitos de vida física e emocional. Cada mau hábito corrigido permitirá obter mais energia para corrigir o seguinte".

Diante de qualquer situação desagradável ou deprimente, respire fundo e diga para si mesmo: "Eu sou o meu próprio Poder, por isso não aceito derrota de espécie alguma. Eu sou um vencedor alegre e feliz".

SORRISO: ÓTIMO REMÉDIO

"Sorriso, lindo sorriso
Rosa nos lábios nascida
Chave do meu paraíso
Fonte da água da vida".

Era ao amanhecer. Ao abrir as janelas do Hotel Glória, no nono andar, contemplei a beleza da Baía da Guanabara, doirando-se aos raios esplendorosos do sol, e, então, da minha mente nasceram os versinhos acima.

Talvez, no mesmo instante, outras pessoas abriam suas janelas, olhavam as águas da Baía da Guanabara e exclamavam, com o rosto contraído: Mais um dia de tédio e de sofrimento!

Lembro aqui uma afirmação do imperador romano Marco Aurélio, considerado o maior sábio da Roma antiga. Por sinal, vi a estátua desse imperador, montado a cavalo, numa praça de Roma. Segundo o guia da excursão, esta foi a única estátua remanescente do paganismo, conservada apenas porque pensavam que se tratava do imperador Constantino, inaugurador da era cristã em Roma.

Marco Aurélio já dizia: "Nossa vida é o que dela fizerem os nossos pensamentos".

Não adiantou nada Deus ter criado uma Guanabara de tantas belezas, de tanta poesia e encantamento, para aquele homem que estava amanhecendo com a mente obscurecida por seus problemas e sofrimentos.

Sua vida é o que forem os seus pensamentos. Óbvio ululante.

SORRIA DESDE O AMANHECER

— Mas, o que é que vou fazer, se amanheço numa pior? — indagará você.

— Acorde e sorria para si e para a vida.

— É que não me sinto bem, por isso não consigo sorrir!

William James, pai da moderna Psicologia norte-americana, ensinou, com muito acerto, o seguinte:

"Diz-se que a gente ri porque está alegre; mas, o inverso também é verdadeiro: porque a gente ri, fica alegre".

Pois bem, comece a sorrir, nem que seja forçadamente, desde a hora que acorda. No começo, poderá parecer-se como alguém que está empurrando o carro que não quer pegar. O carro vai indo aos solavancos, bufa, acende e apaga, acende de novo, funciona um instante, apaga, liga novamente, solta uma baforada escura de fumaça pelo cano de descarga, continua funcionando indecisamente e, por fim, arranca com toda a vitalidade e energia.

Da mesma forma, o seu sorriso exterior acionará o sorriso interior, porque estará criando as melhores condições para tal.

Agora, por exemplo, sorria.

Você se beneficiará com o seu sorriso e os outros também sentirão o influxo benfazejo do seu sorriso.

"Sorrias sempre na vida.
Onde quer que tu estejas,
Põe sorrisos nas bandejas
E dá-os ao mundo inteiro...
O mundo estará sorrindo,
Mas tu estarás mais lindo,
Pois tu sorriste primeiro!"

CAPÍTULO 3
O CAMINHO CERTO DA RIQUEZA

Eu sei que você deseja viver confortavelmente, na abundância, tendo dinheiro não só para as necessidades, como para o lazer.

Pode ser que o seu discurso cotidiano contenha desprezo pela riqueza e faça constantemente o elogio da pobreza, como se fosse virtude e patriotismo. Na verdade, nem você e nem ninguém consegue manter incólume essa máscara de pobreza, porque logo, logo, você passa a queixar-se de que os preços estão muito altos, de que a passagem do ônibus está insuportável, de que o quilo da carne está subindo sempre mais, de que não consegue comprar fogão melhor porque o salário não alcança, de que ter carro para você é um sonho impossível... Isso quando não vai às ruas fazer greve por aumento de salário.

Conheço jovens que pregam acirradamente contra a riqueza e, depois, xingam o pai por não lhes comprar a calça da moda Punk e reclamam da mãe por não receber uma mesada que agüente dois bailes por mês. São as pregações confusas e contraditórias que perturbam tantas mentes incapazes de raciocinar.

Riqueza ou pobreza nunca foram e nunca serão testemunho de bondade, de fraternidade, de amor cristão, de felicidade, de desapego mental ou de qualquer virtude.

Riqueza ou pobreza apenas indicam o tamanho do mundo exterior.

Clemente de Alexandria, famoso escritor e doutor da Igreja Cristã primitiva, muito respeitado pela sua sabedoria doutrinária, escreveu que "não é nenhuma virtude invejável ou grandiosa viver simplesmente sem riquezas".

O mundo exterior está aí para servir você, dando-lhe condições de se expressar plenamente na vida, alcançar seus objetivos, promover sua saúde, realizar seus dons e talentos e conceder-lhe as melhores condições de lazer.

Conheço gente que xinga contra a riqueza, abençoa a pobreza, e quer que lhe dêem livros de graça, ingressos de graça, pula a cerca para entrar no parque de diversões, ludibria o recebedor de ingressos, no futebol, engana o garçom do restaurante, porque está mal de dinheiro.

Você mesmo está percebendo a confusão mental dessa gente.

Deus criou as riquezas do universo para você apossar-se delas e usufruí-las em todas as dimensões que desejar.

Mas, lembre-se que riqueza e pobreza não passam de estado de espírito.

A mente é a única fonte geradora de riqueza ou de pobreza.

Jamais existirá uma pessoa rica que esteja fazendo a oração da pobreza; jamais existirá um pobre que esteja fazendo a oração ou mentalização da riqueza.

Cada um colhe o que semeia na mente.

A sua situação econômica e financeira nada mais é do

que o efeito da sua própria causa mental.

É impossível uma pessoa, seja quem for, alcançar riqueza material sem, antes, processá-la mentalmente.

O mundo material de quem quer que seja não é nada mais do que a realização do seu mundo mental. Em outras palavras, só depois de existir a riqueza na sua mente, em forma de pensamento, de desejo, de imagem, de idéia, de pedido, de oração, de projeto, de plano, de meta, é que pode exteriorizar-se materialmente.

Tanto riqueza quanto pobreza são estados de espírito.

Como pode, pois, alguém, que tenha sua crença ligada na pobreza, conseguir abundância material?

Faça-se conforme a vossa fé — já dizia sabiamente o Mestre Jesus.

Acontece em você aquilo no qual acredita, seja pobreza ou riqueza.

A escolha é sua.

SEUS PENSAMENTOS SE MATERIALIZAM

Se você acredita que não conseguirá enriquecer porque não tem capacidade, ou porque não tem estudo, ou porque onde mora não há a mínima condição para tal, ou porque sua religião não permite, ou porque foi injustiçado, ou por qualquer outra razão — não enriquecerá. E não enriquecerá não porque qualquer dos motivos acima seja válido, mas porque o seu mundo material é conseqüência dos seus pensamentos e crenças.

Imagine uma lagoa cuja água é abastecida por um riacho: se você estancar o riacho, secará a lagoa. Não existirá a lagoa. Da mesma forma, estanque a fonte da riqueza existente no seu interior e esta não fluirá para o mundo exterior.

Há uma relação total e absoluta entre o seu pensamento e a realidade objetiva. É a Lei de Causa e Efeito.

Não é a realidade material que cria a sua realidade mental, mas é esta que produz a realidade objetiva.

A má sorte, portanto, não se abate sobre você, mas é você que a cria; assim como a sua prosperidade é resultado dos seus pensamentos e desejos.

Riqueza é estado de espírito.

Seja rico mentalmente e será rico materialmente. Essa é a Lei.

Plante sempre pensamentos positivos na sua cabeça, pois somente esses poderão produzir frutos positivos.

TODA ESCADA TEM SEU PRIMEIRO DEGRAU

Veja o que escrevi no meu livro "Você Tem o Poder de Alcançar Riquezas", no capítulo dedicado à riqueza e à questão social: "Basta olhar além da própria janela para se perceber que há uma multidão incalculável passando fome, vivendo na miséria e nas privações.

Esta é uma realidade constatada universalmente.

Ninguém deseja que esta situação permaneça no mundo.

Salta aos olhos o problema dos favelados, dos bóias-frias e dos sem-terra.

Existe variadíssima literatura analisando o problema do ponto de vista social, humano, religioso, político, psicológico e sociológico.

Todas as forças vivas da nação desejam que seja eliminada essa chaga da sociedade civilizada.

Os políticos elaboram movimentos que visam chamar

atenção para a situação e os governos prometem fazer tudo para que as classes menos favorecidas tenham melhores condições de vida.

As Igrejas se levantam, quase unânimes, na defesa dos pequenos, dos sem-terra, dos desassistidos.

Todos, portanto, inclusive este livro, tem a elogiável intenção de eliminar a pobreza, a fome, a miséria, da face da terra.

Nisto, todos estamos de acordo.

A divergência começa quando se analisam as causas e as soluções.

Cada ideologia vê o mundo pela sua própria ótica".

Nesse livro, continuo escrevendo sobre este tema candente, procurando a solução do problema.

Citei o texto acima porque queria tocar, ainda que superficialmente, num dos assuntos que muito se comenta em escritos e análises da situação: o desemprego.

EXISTE EMPREGO

Acha você que não existe emprego para uma pessoa responsável, dedicada, honesta, trabalhadora, cumpridora dos seus deveres, eficiente?

Asseguro que estas pessoas continuam sendo procuradas de lanterna na mão, em pleno dia. Portanto, emprego e trabalho não faltam. Faltam pessoas que queiram realmente trabalhar.

Mesmo em períodos críticos de recessão de anos atrás, na época em que eu dirigia uma gráfica, continuava sempre procurando novos funcionários.

Hoje, quando se fala em desemprego, vejo tantas indústrias sobrecarregadas de trabalho, à procura de operários. Um exemplo disso é o Parque Balneário Turístico Oásis, que anda, desde muito tempo, oferecendo trabalho para qualquer tipo de mão-de-obra, desde roçadores, faxineiros, calceteiros, quebradores de pedra de alicerce, marceneiro, mecânico, eletricista, pedreiro, salva-vidas, pintores, letreiristas, serventes de pedreiros, tanto para trabalhar por mês como por tarefa.

Você poderá dizer que o problema é o salário baixo. Até pode ser. Mas, quanto a isso, é preciso tecer pelo menos duas considerações: Primeira, para se atingir o topo da escada é necessário começar pelo primeiro degrau. A grande parte dos homens bem-sucedidos de hoje começaram humildemente, ganhando pouco, como engraxates, mandaletes, varredores, serventes de pedreiro, auxiliares disso ou daquilo. E subiram. Segunda, o salário é questão de produtividade. Ninguém vai pagar 900 dólares para quem produzir 400 dólares/mês.

Todo operário, que é bom, que é esforçado, eficiente, obrigatoriamente sobe na vida e alcança a remuneração desejada.

O problema, pois, se situa na mente. É questão de formação, de visão, de orientação, de estímulo, de persistência.

Todo o ser humano é imagem e semelhança de Deus, tem Poder Infinito dentro de si, portanto tem capacidade de começar por qualquer ponta e tornar-se produtivo, eficiente, especializado. E rico. Muito rico.

Riqueza é estado de espírito.

Saiba que só você pode construir a sua riqueza e o seu sucesso. E, se assim você determinar-se, ninguém barrará o seu caminho. Mas, comece hoje, por qualquer ponta.

FAVELADO PODE SER RICO?

"Os que vivem se exclamando pela falta de dinheiro, de capital, de oportunidade, de padrinho rico, o que lhes falta, na verdade, é uma idéia rica e forte". Esta afirmação eu a fiz no livro "Você Tem o Poder de Alcançar Riquezas".

Para você, que se julga favelado ou deserdado da sorte, quero contar carinhosamente esta história: Existia uma criança muito pobre, que nasceu num trem. O comboio corria em direção à costa do Oceano Pacífico, em 1938. A mãe levava consigo três meninas pequenas. Durante o percurso, nasceu no vagão, um garoto. Era uma família muito pobre. O pequeno cresceu, mas a pobreza continuou, a tal ponto que desmaiava de fome na escola. Quando jovem, resolveu ser bailarino e foi tomar as primeiras aulas de balé. Os professores não viram nenhum talento e nem mesmo tendência para essa arte, a ponto de dizerem: "Ele pula como sapo, nada mais".

Este é o início da história de um dos maiores bailarinos do mundo: Rudolf Nureiev.

Depois de uma longa caminhada de glória e de sucessos, que lhe renderam grande fortuna, Nureiev acabou assumindo a direção da Ópera de Paris.

AGORA PENSE COMIGO

Você é pobre, miserável até. Nureiev também era.

Você passa fome, é subnutrido. Nureiev também passava fome.

Você acha que não tem capacidade. Também disseram isso de Nureiev.

Você acha que tudo é difícil de conseguir. Assim também

foi para Nureiev.

Você quer um lugar ao sol. Nureiev também queria.

Você está encontrando muitas dificuldades. Nureiev também encontrou.

Por que, então, você está aí numa favela e Nureiev está em Paris dirigindo a Ópera?

A diferença está em que você ficou parado e ele seguiu em frente.

A diferença está em que ele acreditou na sua capacidade e no seu desejo irresistível e você acreditou apenas na sua miséria.

Ele tinha a certeza que venceria e você acha que não tem condições para alcançar os seus objetivos.

Ele tinha um ideal. Você não tem.

Ele achava que tinha lugar para ele no mundo e você acha que os outros não lhe dão lugar nenhum.

Ele se dispôs a alcançar seus objetivos. Você não está se dispondo a coisa nenhuma.

Aí começa a grande diferença que existe entre o favelado e aquele que alcançou um lugar ao sol.

O favelado não foi derrotado, porque ninguém tem poder de derrotar ninguém na vida. É a própria pessoa que se derrota.

Uma idéia rica e forte na mente de um ser humano, feito à imagem e semelhança de Deus, vara barreiras, derruba montanhas e produz o milagre da sua própria materialização.

Lembre-se que o pensamento cria; o desejo atrai; a fé realiza.

O CAMINHO DO SUCESSO

A vida seria uma maravilha se cada pessoa pudesse realizar todos os sonhos e projetos da sua mente. Este iria morar na casa dos seus sonhos; aquele resolveria logo a cura do seu estômago; aquele outro entraria no seu tão desejado carro zero quilômetro; uma outra pessoa teria vencida a sua timidez de se apresentar em público; já alguém iria para o ansiado casamento; assim por diante.

Na verdade, tudo isto pode e deve acontecer.

Por que teria Deus dado a você o poder de sonhar coisas boas, para si e para a humanidade, sem lhe dar a capacidade de tornar seus sonhos realidade?

Se a capacidade de criar algo na mente não fosse acompanhada da capacidade de realizar esse algo, Deus teria praticado um desequilíbrio na obra da sua criação. Mas, em Deus tudo é sábio, tudo é perfeito. Portanto, se você tem o poder de sonhar e desejar um mundo maravilhoso para si, tem o poder de torná-lo realidade.

James Allen já dizia: "Vós mesmos determinais o vosso sucesso e insucesso".

Pode ser que você não saiba como transformar as criações da sua mente em realidades físicas. Mas, não é por isso que uma verdade deixa de ser verdade; e nem é por isso que um poder deixa de ser poder.

Um dia, estava andando pela rua, quando vi um senhor tentando, por todas as formas, fazer o seu carro andar, sem o conseguir; nem por isso deixou de acreditar que seu carro andaria. Chamou um entendido e, em poucos minutos, lá estava o carro andando melhor do que nunca.

Se alguém disser que existe a possibilidade de você progredir na vida, realizar os seus sonhos, materializar os seus projetos, pelo menos pare um pouco para pensar, antes de responder que é impossível. Reconheça que a sua inteligência é grandiosa e que sua cultura é ampla, mas você não sabe tudo que se pode saber neste imenso mundo de Deus.

A vida, com certeza, é muito melhor do que você está vivendo; e é bem maior do que você imagina.

CONSTRUA SEU IMPÉRIO

Certo dia, encontrei um senhor muito desanimado, queixando-se de que sua vida não dava certo, pois sempre tinha gente atrapalhando o seu caminho.

Na verdade, os outros não são mais do que você. É você que está se fazendo menos.

Se uma pessoa se deita na calçada, pode se queixar de que os outros passem por cima?

O que deve fazer é levantar e seguir o seu caminho.

Há aquele que não assume nenhuma posição na vida e, depois, se queixa que os outros o colocaram em posição sacrificada.

Determine a sua posição e ocupe-a.

Pode ser que você sempre se conforme em acompanhar os colegas e amigos nos seus programas noturnos ou dominicais e chega em casa irritado, porque teve que ir aonde não queria. Assuma a sua própria determinação, faça o seu programa, e desaparecerá a frustração.

Talvez você goste de um trabalho, mas está efetuando outro, só para não desgostar alguém. E sente-se como peixe fora da água.

Solução? Muito simples: Seja você o condutor da sua vida e está acabada a confusão.

Um dia, conheci uma jovem que estava namorando um rapaz e amando outro. E ficava nessa corda bamba, porque não queria entristecer ninguém. Acontece, no entanto, que estava entristecendo a si mesma, ludibriando o namorado, e perdendo a oportunidade de ser feliz.

Aonde quero chegar?

Apenas desejo que você examine as suas queixas, as suas frustrações, seus sofrimentos e verá que você é o único responsável.

Pare de acusar quem quer que seja.

Faça o seu próprio caminho. E abençoe a humanidade e o mundo.

Não tenha medo de ser você mesmo e realizar o seu projeto pessoal. No entanto, não estou dizendo que, para cumprir sua missão pessoal, deva quebrar a cara dos outros e lançar uma bomba sobre o mundo.

Não é isso.

Trata-se simplesmente de, em harmonia com a humanidade e o universo, seguir o seu ideal e palmilhar o seu caminho.

Há um Poder Infinito e uma Sabedoria Infinita, no âmago do seu ser, que orientam você e levam a bom termo seus desejos, projetos e ideais.

Como escreveu Harold Schermann: "Saiba que é a pessoa pela qual é inteiramente responsável. Seu mundo e sua vida só podem ser melhores se assim os fizer". Sim, reconheça que você é a pessoa pela qual é inteiramente responsável. Seu mundo e sua vida só podem ser melhores se assim os fizer.

Ponha luz no seu interior, pois só você pode descobrir os seus ideais e realizá-los.

O EIXO CENTRAL: A SOCIEDADE OU VOCÊ?

Não conheço nenhum dos grandes mestres da antiguidade que tenha falado para a sociedade e sim para o indivíduo que compõe a sociedade. Inclusive Jesus.

É impossível salvar a sociedade, mudar a sociedade, acusar a sociedade, abençoar a sociedade, pelo simples fato de que sociedade não é entidade, quer dizer, não é um ser palpável, mas apenas uma palavra abstrata, assim como palavras abstratas são a doçura, a meiguice, a tropa. Você não consegue adquirir a doçura, mas o açúcar que contém a doçura; você não encontra a meiguice, mas a pessoa que tem a qualidade de ser meiga; você não tem uma tropa, mas os animais que, no seu conjunto, formam uma tropa; assim, faz-se a compra de cada animal individualizado. Se não existe a unidade não existe a tropa.

Há filosofias, religiões e ideologias que enfocam a sociedade como único ser existente. Para elas, a sociedade é o eixo em torno do qual a humanidade gira. O seu discurso se volta sempre sobre a sociedade. E dizem que a sociedade vai mal, que é preciso mudar a sociedade, que a causa da delinqüência é a sociedade, que a sociedade é violenta, que a sociedade é pobre, que a sociedade é explorada, que a sociedade é decadente, assim por diante. E os discursos continuam nos púlpitos, nas praças, nos palanques, nas cátedras, nos meios de imprensa, nas tribunas — e a sociedade está aí do mesmo jeito.

O grande equívoco da época moderna, principalmente do Socialismo e de algumas religiões de hoje, é colocar a sociedade como centro do mundo, quando, na verdade, o centro do mundo é o indivíduo: você.

Walt Whitman escreveu que "Toda a teoria do universo está dirigida para um indivíduo, a saber: você mesmo".

O CENTRO É O INDIVÍDUO

Religião nenhuma salva; sociedade nenhuma melhora ou piora: É o ser humano que se salva; é o ser humano que melhora ou piora a sociedade.

Portanto, quando se coloca a sociedade como eixo central do universo em torno do qual todos os seres devem girar, estamos colocando a vida humana fora de sua verdadeira órbita. Por isso, não dá certo.

O centro é o ser humano. Tanto é verdade que Jesus Cristo veio salvar você. Ao falar a sua mensagem, dirigiu-se a cada pessoa: "Bem-aventurados aqueles indivíduos que são calmos porque esses possuirão a terra e bem-aventuradas as pessoas que são misericordiosas, porque elas alcançarão misericórdia..." Ele se dirigia aos indivíduos, ou seja, a você. O centro é o ser humano. A partir de você a humanidade se expande, formando uma órbita maravilhosa e harmoniosa.

Jesus já dimensionava essa visão da humanidade, quando ensinou que eu devo amar o próximo assim como estou amando a mim mesmo. Se não tenho amor a mim não consigo amar o próximo, porque não posso dar o que não tenho.

Sou como o sol: só depois de iluminar e aquecer a mim mesmo, a minha luz e o meu calor vão se expandir para as outras pessoas.

Só existirá uma sociedade rica quando existirem as pessoas ricas. A riqueza de uma sociedade parte do indivíduo.

Tire o indivíduo e não existirá o Estado. No dia em que não existir o indivíduo não existirá o Estado; no dia em que o indivíduo não der dinheiro ao Estado, este desmoronará, porque o Estado só funciona com o dinheiro dos indivíduos. Estado não cria dinheiro. Isso todos os economistas sabem.

Quando se melhora a vida de um brasileiro, já se começou a melhorar a sociedade brasileira.

O grande atraso do mundo de hoje — no meu entender — está no fato de se usar o discurso que cria e dá vida a um fantasma chamado sociedade. Digo fantasma porque tantos falam e ninguém a viu, ninguém a fotografou, ninguém a agarrou.

— Então — dirá alguém — você nega a pobreza que existe por aí?

— Se existisse a pobreza, como entidade, o Governo já a teria pego nas mãos e jogado no fundo do oceano Atlântico. Pobreza é termo abstrato. O que existe é o João da Silva pobre, a Maria Antonieta pobre, o Geraldo de Tal pobre, o Serapião Lépido pobre, a Gerondina Armíndoa pobre, assim por diante. No dia em que o João Silva deixa de ser pobre, diminuiu-se a pobreza no Brasil e no mundo.

— E como se acaba com a delinqüência?

— Tratando-se especificamente cada delinqüente. Mesmo porque a causa que levou os delinqüentes à delinqüência varia de indivíduo para indivíduo. Vejam o caso recente do Pixote. Há os que acusam a sociedade de ter produzido o Pixote. No entanto, ele teve oportunidade no cinema, teve oportunidade no teatro, teve oportunidade em novelas; e sabe Deus quantas mais. Pelo menos neste caso não se pode dizer que a causa foi a fome, a insensibilidade do mundo, a falta de oportunidade para se fazer na vida. Foi a mente mal formada.

Mude você e estará mudando o mundo.

MILAGRES NO DESERTO

Há tempos, realizei uma viagem pelos caminhos de Israel e do Egito.

Em Israel — país de 4 milhões de habitantes e uma história que se perde no tempo; território minúsculo e, ainda, com terras áridas e desérticas; sem nenhuma mina natural a não ser o sal, enxofre e derivados, que extrai do Mar Morto; acossado várias vezes por vizinhos — é admirável sentir o esforço, a determinação e a capacidade que tem essa gente de enfrentar situações adversas e alcançar grandes resultados.

Depois dessa viagem, estive em Assunção, Paraguai, para o lançamento do meu livro "El Poder Infinito De Su Mente", no Cine Gran Avenida, e, ao retornar por Foz de Iguaçu, pude ver a beleza, a riqueza e a exuberância das terras brasileiras pelo menos nos três estados sulinos. Aqui a terra é boa, fértil; lá em Israel, os laranjais, os hortifrutigranjeiros, as lavouras, os jardins públicos, são regados por mangueiras que desembocam terminais em cada pé de planta, num sistema de irrigação gota a gota.

Decididamente, só temos que agradecer a Deus por este pedaço de planeta que nos tocou.

Ao invés de ficar chorando pitangas e exigir mundos e fundos, é preciso arregaçar as mangas, levantar a cabeça, meter um ideal e uma meta na mente, e seguir em frente, com a certeza de que, como dizia nosso primeiro escrivão Pero Vaz de Caminha, "em se plantando, tudo dá".

Viajando também pelo Egito, ao longo do deserto do Sinai, do deserto das pirâmides, notei que a mina do ouro verde deles é o vale do rio Nilo, compreendendo uma extensão de cerca de quinze quilômetros de largura para cada margem do rio.

Percorri, ainda, pela via férrea, grandes extensões de Portugal, Espanha, França e Itália, e verifiquei que cada palmo de terra é ciosamente cultivado.

Em cima dessas propriedades, aplicam adubo, irrigação de mangueira, limpeza, proteção climática e tudo o mais que for necessário.

Com isso, quero apenas dar uma palavra de ânimo, de força, de coragem e de entusiasmo a você, que é proprietário de terras. Você tem uma fonte inesgotável de riquezas. Trate sua terra com amor e com cuidados e verá que, em recompensa, ela fará engordar a sua conta bancária, tornando confortável e agradável o seu viver.

Ao invés de se apoiar demais nos outros, tenha fé em si mesmo, na sua capacidade sem limites, levante um plano definido, que agite suas energias vigorosas, e siga em frente.

Você também fará milagres.

A terra e a mente são duas grandes fontes inesgotáveis de riquezas.

Até do fundo do seu quintal você pode extrair riquezas. Basta usar a cabeça, a vontade, o desejo, o entusiasmo e as mãos.

Lembre-se que o que você planta na mente e na terra, com fé e entusiasmo, dará frutos centuplicadamente.

A GRANDIOSIDADE DO CENÁRIO

Em algumas capitais, quando falo sobre a riqueza, há pessoas que perguntam:

— O senhor fala em riqueza, mas Jesus não nasceu pobre, numa gruta?

Jesus nasceu no cenário de maior esplendor e riqueza

que merecia, como Filho de Deus.

Em meados de 1987, estive visitando Belém, onde nasceu Jesus.

Era fácil refazer o palco do grande acontecimento.

No céu, bilhões de lâmpadas acesas. O manto silencioso da madrugada foi estendido pelos campos, enchendo de poesia o ambiente.

A gruta, construída há milhões de anos, já estava preparada. Os representantes do reino animal colocaram-se a postos. Os representantes da humanidade foram chamados pelos anjos e se apresentaram em seguida.

Na hora da festa, o coral dos anjos, convocado para o grandioso acontecimento, surgiu por entre as luzes das estrelas e cantou o famoso hino: "Glória a Deus nas altura e paz na terra aos homens de boa vontade".

A natureza ofereceu as palhas para o bercinho.

Você já viu alguém nascer em meio a tanta riqueza e grandiosidade?

Jamais os séculos haveriam de esquecer o evento.

Ainda hoje, essas imagens sensibilizam profundamente os corações humanos.

Até você, que não quer nada com Religião, sente uma emoção tão especial, que não consegue esconder. Sente algo assim como se um arco-íris iluminasse a sua mente, pondo em estado de festa cada fibra do seu ser.

E você começa a sorrir, a felicitar, a dar presentes. E comemora com tudo a que tem direito.

Natal, portanto, não é símbolo de pobreza, mas momento de amor, de felicidade, de paz, de fraternidade, de desarmamento dos espíritos. É um convite ao congraçamento das famílias e dos povos.

A HORA DE RELAXAR

Quero agora falar com você sobre um assunto, que muitos colocam em segundo ou terceiro plano, mas é bem mais importante que parece: o lazer.

A Bíblia já começa dizendo que Deus fez o mundo em seis dias e no sétimo descansou.

Você tem levado a sério os seus momentos de lazer?

Há pessoas que não descansam nem enquanto dormem: ficam carregando na mente os seus problemas. E o resultado é um estresse daquele tamanho.

É preciso distender a mente, para distender o corpo também.

Você sabe que um dos maiores problemas de saúde, hoje em dia, é o enfarte, causado principalmente por pessoas cujos negócios e cuja vida estão sempre debaixo de mau tempo, como se diz. Esta situação leva ao estresse e o estresse obriga o coração a um trabalho exaustivo, pois não lhe é dado pausa e nem descanso.

A folga, o descanso, o lazer, a mudança de ocupação nos fins de semana, a libertação mental das obsessões do dia-a-dia, são uma necessidade indiscutível e improrrogável.

VAMOS, RELAXE!

Antonio Blay escreveu: "O relaxamento total consciente possui algumas vantagens notáveis sobre as outras formas de descanso, inclusive o sono profundo".

Você, que anda aí com os nervos estirados que nem arame de cerca, relaxe.

Quando você está tenso, agitado, conturbado, porque

os acontecimentos lhe tiraram fora da paciência, relaxe.

O relax acalma a mente, tranqüiliza o espírito e distensiona o corpo.

Produz, portanto, enormes benefícios para a mente e para o corpo.

Quanto à mente, desobsessiona-a, isto é, arranca-a da fixação provocada por algo que afligiu muito você.

Vamos supor que você brigou com seu namorado; ofenderam-se e cada um foi embora para o seu canto. Este episódio agora não sai da sua cabeça. Onde quer que você esteja, faça o que fizer, não consegue esquecer a briga.

Pois bem, relaxe.

O caminho simples, para isso, é reclinar-se na poltrona, ou deitar no sofá, ou na cama, e ficar bem à vontade.

Comece por concentrar o pensamento em cada parte do corpo, a partir da cabeça. Ou como lhe parece melhor.

Concentre a atenção na parte do corpo desejada e imagine que está soltando os músculos e ligamentos. Isso é relaxar.

Este ritual realmente vai distensionar todo o seu corpo, produzindo efeitos altamente benéficos.

E APROVEITE A VIDA

Conheci um senhor muito responsável, que organizou bem direitinho sua vida, dividindo-a com sabedoria: na juventude, só estudar para formar-se; na mocidade, juntar fortuna, privando-se até mesmo de diversões e pequenos prazeres, a fim de guardar reservas para a idade avançada. Só que aconteceu um pequeno imprevisto: morreu antes de começar a aproveitar a sua fortuna.

Existem outros senhores que são dotados de idealismo superior a ponto de consagrarem toda sua vida, sacrificando-se a si mesmos, sacrificando a esposa, renunciando ao conforto e a lindos momentos de lazer, tudo isso para deixarem uma bela herança para os filhos.

Que equívoco trágico!

A primeira pessoa pela qual você é responsável é você.

A herança que você deve dar aos filhos é a cultura, a educação, a especialização, na medida das suas possibilidades.

Jamais pense em passar a vida trabalhando como um desgraçado apenas para deixar uma herança aos filhos.

Tudo o que você conquistou materialmente deve servir para tornar agradável, confortável, saudável e alegre a sua vida, a de sua esposa e de seus filhos.

Lembre-se que a vida é hoje, aqui e agora.

Não se prive de pequenos prazeres só para guardar o dinheiro ou só para aumentar a herança dos filhos.

Tenha bom senso, seja prudente e previdente, mas reconheça que esse momento da vida é um milagre, que nunca voltará.

— E o futuro? — perguntará você.

O futuro é o presente acontecendo a cada instante.

A fonte inesgotável de riqueza material não está na sua mocidade ou em qualquer idade: está na sua mente.

A mesma fé e confiança que tem hoje de uma vida satisfatória materialmente há de ter daqui a dez, vinte ou trinta anos. Basta que nunca deixe de fazer a oração da riqueza, da mesa farta, da abundância, pois, neste caso, o Poder Infinito e a Sabedoria Infinita, imanentes em você, realizarão os seus desejos.

Nunca esqueça o que ensinou o Mestre: "Pedi e recebereis, porque todo aquele que pede, recebe". Desde que peça com fé, isto é, acredite nesta verdade.

Aproveite a vida hoje.

Seja alegre, agradável, despreocupado, prestativo, generoso.

Estenda o seu sorriso pelos caminhos do seu dia-a-dia, tornando-os alegres e perfumados.

Dê-se pequenos e grandes prazeres, pois você merece.

Uma viagem, um almoço mais caprichado, um terno da moda, um curso especial, um passeio, pode significar a recompensa que se dá por sua dedicação, por seu esforço, pela atenção dispensada ao seu negócio, ao seu trabalho, ao seu emprego.

Leve a vida com responsabilidade, mas desportivamente.

Não espere a velhice para ser feliz.

Seja feliz agora. E a cada instante do seu dia.

CAPÍTULO 4

PENSAR É PODER

Existe muita confusão na cabeça de certas pessoas: umas pensam que a felicidade está na pobreza e, então, condenam a riqueza; outras imaginam que a felicidade está na riqueza e se matam trabalhando para alcançar esse objetivo.

Na verdade, ambos os grupos estão enganados.

A felicidade é um estado interior e, portanto, tem a ver apenas com a mente e não com o mundo material.

Você é feliz se existe felicidade na sua mente, por mais pobre ou rico que seja; por outro lado, é infeliz se a infelicidade domina a sua mente, quer você seja milionário ou pobre.

O mundo exterior não tem nada a ver com a felicidade.

Existem pessoas felizes que vivem nas favelas; existem pessoas infelizes que vivem nas favelas.

Existem pessoas felizes que vivem em palácios; existem pessoas infelizes que vivem em palácios.

Esta é uma verdade tão simples de checar, que eu não sei como é que, ainda hoje, há pessoas que, em seus artigos, palestras e pregações, fazem confusão.

O CANTAR DO ROUXINOL

Bazin escreveu uma frase de rara beleza: "Há pessoas que nascem com um rouxinol no coração e, por mais miserável que seja a gaiola, o passarinho sempre canta".

Todos nascemos com um rouxinol no coração, pois todos nascemos imagem e semelhança de Deus, como ensina a Bíblia. É por isso que sempre ensino que a felicidade é a essência do ser humano.

Se o rouxinol não canta no seu coração é porque o expulsou, ou o matou.

Use agora mesmo o seu grandioso poder criador e faça nascer novo rouxinol no seu coração. Assim, a canção da alegria tornará feliz o seu viver.

Dê alimento diário ao seu rouxinol, para que ele cante sempre. Sim, o alimento da alegria.

— Como se cria alegria? — perguntará você. E se queixa:
— Eu quero ser alegre, mas ando tão deprimido!

A alegria se cria pelo pensamento de alegria.

Você — que anda deprimido — pode reparar que os seus pensamentos e as suas conversas giram em torno do seu estado deprimido. Como o pensamento produz a realidade do seu conteúdo, sua depressão se aprofunda cada vez mais.

A partir de agora, só pense alegria, só fale alegria, só cante alegria.

Mentalize mil vezes por dia: "Eu sou alegre e feliz. Agora sou outra pessoa. Alegria, alegria. A vida é uma festa. Eu sou alegre. Sinto-me cada dia melhor e melhor. Está tudo ótimo comigo. Alegria, alegria".

A palavra tem o poder criador. Você, por conseqüência, se torna alegre.

E o rouxinol voltará a cantar no seu coração. Sim, porque você também nasceu com um rouxinol no coração. Se lhe der o alimento da alegria, ele cantará a vida inteira.

AGORA PENSE NO SEU CASAMENTO

Fiquei vivamente impressionado, quando li no livro "Viva em Paz Com Seus Nervos", do Dr. Walter Alvarez, que o marido e a esposa raramente partilham de uma alegria. Escreveu ele: "O casal é demasiado sério e não há entre eles a mínima brincadeira ou senso de humor. Tal como me têm dito várias senhoras, é este um dos piores males do casamento".

Sinceramente, não posso acreditar que isso aconteça com os casais brasileiros, mesmo porque o brasileiro tem índole descontraída e não esquenta muito a cabeça. Mas, não custa nada fazer um pequeno exame na sua vida conjugal a ver se, por acaso, vocês não esqueceram de brincar e alegrar a vida em comum.

Eu creio que posso entender porque acontece o fenômeno da seriedade e da frieza ambiental em muitos casais. É que, no começo, tudo é luz, fé, expectativa e irradiação de amor. Com o tempo, aparecem as diferenças daqui e dali, os confrontos de mentalidades diante das questões do dia-a-dia e o acúmulo de mágoas em face de fofocas e paquerinhas inexpressivas, mas que, por vezes, estouram tempestades em copo d'água. E a vida dos dois vai endurecendo, reduz-se a decisões econômicas, educação dos filhos, e fica por aí. Ora, assim a convivência perde a graça.

A primeira coisa a fazer é recuperar a alegria perdida.

Parem de ficar de marcação cerrada um em cima do outro, muitas vezes com a intenção doentia de tentar comprovar suspeitas e imaginações ciumentas.

Não, a felicidade não é por aí.

Ponham um ponto final nessa teoria de que casamento é estrutura fechada, sem liberdade, sem espaços do lado de fora, sem possibilidades até mesmo de pequenos desarranjos sentimentais... Enquanto ficarem aí nessa mútua cobrança, a vida vai passando, a alegria vai mirrando, as doenças vão chegando, e o casamento entra num inverno árido.

Graças a Deus que você se deu o tempo de ler essas linhas, porque já está descobrindo que o caminho é outro. A partir de agora, vai olhar a vida por outro ângulo, buscando desafogar a mente, descarregar as exigências de perfeição, e tratando de somar alegrias, entretenimentos, brincadeiras, bom humor, risos e piadas. Agora sim a vida a dois se torna gostosa.

Lancem-se a uma operação-desmonte de tudo o que aprenderam em sentido contrário, até mesmo na religião. Sim, porque casamento é bem-querer, é concórdia, é harmonia, é tolerância, é vida positiva e alegre. Por sinal, a Bíblia tem um axioma muito sábio quanto a isso: "Melhor é a comida de hortaliça onde há amor, do que o boi cevado e, com ele, o ódio".

No momento em que vocês resolverem praticar uma revolução no casamento, visando só dar importância e valor ao que se refere à alegria, ao bom humor, à descontração, à amizade, ao bom entendimento, ao bem-querer, ao riso e às boas coisas da vida, terão montado o fundamento mais definitivo da durabilidade conjugal.

No início, este novo método pode exigir um esforçozinho, mas superará os hábitos negativos e fará do casamento de vocês o mundo mais gostoso de viver.

Valem mais dez momentos de alegria por dia do que dez horas de atitudes rígidas e conflitantes, mesmo que certas.

COMO SALVAR CINQÜENTA POR CENTO DO SEU CASAMENTO

Provavelmente você está vivendo cinqüenta por cento da sua vida dentro da sua casa, o que corresponde a doze horas por dia. Só por isso já vale a pena caprichar para que o ambiente seja descontraído, agradável, aconchegante e gostoso.

Às vezes acontece que você gasta bastante em tempo, roupas, dinheiro, cabeleireiro, perfumes, sapatos, cosméticos, só para estar em forma e sentir-se bem numa recepção ou banquete, que tem a duração minúscula de duas ou três horas; e achou que valeu a pena.

Pode ser que esteja dispendendo duas ou três horas por dia, ou semanais, em ginástica, cooper ou caminhadas, para estar em boa forma.

É possível que você tenha feito enormes gastos para tornar o seu gabinete de trabalho bonito e sofisticado.

Pois bem, lembre-se que sua casa é o lugar onde você fica mais tempo; é o lugar onde estão as suas pessoas mais queridas. É, até mesmo, o local onde realiza mais recepções à pessoas amigas e de suas relações sociais e comerciais.

Agora pense como é o ambiente da sua casa.

Não vai me dizer que chega em casa nervoso, tenso, com vontade de xingar Deus e todo mundo. Se assim acontece, lembre-se que toda hora é hora de mudar.

Será que você não faz parte do elenco de casais demasiadamente sérios, carrancudos ou deprimidos?

Recorde o que escreveu o Dr. Walter Alvarez, no seu livro "Viva Em Paz Com Seus Nervos": "Como me têm dito várias mulheres, é este um dos piores males do casamento".

Se é um mal, nada mais racional e óbvio do que erradicá-lo definitivamente.

— Como fazer? — perguntará você.

Comece por você.

Segure esse instinto impulsivo de empurrar as culpas e as necessidades de mudança de hábitos para cima apenas da sua esposa. Ou do seu marido.

O mais simples e fácil é começar por você.

Em primeiro lugar, decida-se a não levar mais problema nenhum do seu dia-a-dia para dentro da sua casa. Não o leve nem na pasta e nem na carranca.

Em segundo lugar, nada de descarregar o seu mau humor, os seus negócios mal-sucedidos, as suas preocupações, sobre os familiares, em forma de xingações, de broncas, de ofensas, de incontidas irritabilidades. Nunca esqueça que seus familiares são o tesouro mais precioso que você tem. Tanto é verdade que todos amam você, alegram-se com você: quando está doente, procuram fazer de tudo para aliviar seus sofrimentos e curar a doença, coisas que não fazem nem os seus sócios e nem sua secretária.

Prometa-se agora, na sinceridade do seu coração, chegar em casa alegre, descontraído, com uma piada na ponta da língua, jogando-se no sofá com aquele bom humor contagiante.

Não, não é difícil. É apenas questão de hábito. Numa semana, ou duas, você já estará afeito a esse modo de ser e tudo transcorrerá assim daí por diante.

E aí está uma maneira simples e barata de curar-se do estresse.

Como diz o ditado: Rir é ainda o melhor remédio.

E rir em casa é vacina para toda família.

A sua casa é o seu paraíso, fonte das suas alegrias, das suas emoções positivas, e não depósito das suas tensões e frustrações.

AGORA PENSE NOS FILHOS

Olhe para o seu filhinho brincando e me responda:

— Ele está pensando que esse brinquedo é fantasia ou realidade?

— Acha você que a criança está perdendo tempo quando se mete a brincar?

— Acha você que seu filho é um adulto em miniatura e deve agir como adulto de tamanho pequeno?

A diversão é tão essencial para a criança como o ar que ela respira. Não veja você os momentos de brinquedo da criança com a tolerância de quem apenas permite esta perda de tempo, mas veja-os como exercício vital de desenvolvimento sadio.

O famoso educador Alexander Sutherland Neill, fundador da famosa escola de Summerhill, onde a liberdade é fator essencial de educação da criança, é bem categórico no seu modo de pensar: "Quando uma criança perde a capacidade de brincar, está psiquicamente morta e torna-se um perigo para qualquer outra criança que venha a ter contato com ela".

Encare com respeito e admiração o mundo divertido da criança, pois é, até, difícil saber onde termina e acaba, para ela, a fronteira da fantasia.

Segundo Neill: "Infância é época de brinquedos. E qualquer sistema de comunidade que ignore essa verdade, está educando erradamente".

Quando você priva seu filhinho de brincar, de se divertir, de entrar no mundo mágico da fantasia, pense no prejuízo que está causando a esse ser maravilhoso.

Brincar não é perda de tempo e também não é exercício irrelevante, que deve ser relegado para quando realmente nada mais tiver que fazer.

Será que você não está pensando assim, quando procura, por todos os meios, evitar que seu filhinho fique brincando? Para ocupar melhor o tempo dele, você o manda buscar um balde, depois o faz varrer o pátio, em seguida levar um recado para o vizinho. Seu filhinho faz tudo correndo e volta para o seu brinquedo, que o empolga até o âmago da sua fantasia. Você — na sua idéia de adulto — o vê perdendo tempo de novo e o manda regar as plantas, estudar as lições, assim por diante. Você pensa que está conduzindo seu filho para uma educação que o leve a ser alguém na vida, quando, na verdade, está matando um momento importante da idade infantil.

Há pais que pensam que o muito brincar prejudica o rendimento escolar.

Alexander Neill responde assim:

"Se seu filho se divertir tanto quanto deseja se divertir, poderá passar nos exames depois de dois ou três anos de estudo intensivo, em vez de cinco, seis, ou sete anos habituais de aprendizado numa escola que põe de parte a diversão como fator de vida".

Graças a Deus, eu tenho uma paixão na vida: amar o mundo de fantasia da criança e a felicidade que ela sente quando pode brincar e divertir-se.

O Parque Oásis é um esforço neste sentido de criar um mundo mágico, lindo, divertido e cheio de fantasias alegres e agradáveis para a nossa criançada querida.

Reencontre-se com a criança feliz que existe na sua alma e entre no seu próprio paraíso.

COMO É MESMO SEU FILHO?

"A auto-imagem de seu filho é um resultado direto do

tipo de reforço que ele recebe de você em base diária"—escreveu o Dr. Wayne W. Dyer.

Se você quer saber como está educando o seu filho, basta analisar as afirmações que ele faz de si, da situação, das coisas, da vida.

Compreenda que seu filho é o resultado de tudo o que vocês, pai e mãe, estão jogando na mente dele ou deixando entrar na sua cabeça.

Por que seu filho se julga tímido, incapaz, medroso, feio, medíocre, nervoso, irritadiço, violento, negativo, descrente de tudo?

Ou por que seu filho, por outro lado, pode sentir-se forte, alegre, cheio de vida, autoconfiante, positivo, inteligente, corajoso, elegante, bonito, vitorioso, calmo e agradável?

Seu filho é um mata-borrão: grava tudo. É um computador: programa tudo. É uma esponja: recolhe tudo. É um poço: guarda tudo. É um espelho: reflete tudo.

Se você, na sua casa, vive dizendo que a vida está péssima, que tudo está pela hora da morte, que não agüenta mais as complicações da vida, seu filho recolhe essas afirmações como verdade e passa a pensar que a vida é péssima, sentindo o peso do desalento na sua alma; achará que este mundo é complicado demais e não sentirá forças para vencer na vida; gravará na mente que as coisas são inacessíveis devido aos altos custos e tenderá a não se mover do lugar.

Resultado: filho desalentado, sem ânimo, parado, sem elan, sem força de vontade.

Talvez, até, você o leve a um psicólogo ou analista, porque não entende como pode ser ele assim.

Numa outra família, onde os pais são positivos, comentam o progresso de cada dia; falam do sucesso do empreendimento; abençoam a vida, que lhes traz tantas alegrias; encaram o mundo como um lindo dom de Deus — o filho é uma pessoa saudável, cheia de vida, que vê o mundo bonito a oferecer oportunidades de progresso e sucesso, cheio de ânimo e vontade de realizar os seus sonhos e ideais.

Pode ser que vocês tenham brigado perto do filho, se ofendendo de todo jeito; você diz que seu marido não presta, que os homens não valem nada, são traidores, infiéis; ele contra-ataca berrando que você é que não vale nada, é falsa, mentirosa como todas as mulheres...

Não vá se surpreender se o seu filho fica traumatizado, transferindo para si e para todos os homens esses defeitos, como se fizessem parte da essência masculina; nem fique apavorado se a sua filha tem a mentalidade de que todos os homens são infiéis e todas as mulheres, inclusive ela, são falsas e mentirosas.

Quem sabe, você vive dizendo, em casa, que todo mundo é ladrão, que todos são exploradores, que a gente tem que abrir o olho porque só querem passar para trás e tirar proveito de qualquer jeito!

Não é de estranhar se o seu filho resulta com uma personalidade arredia, desconfiada, que não confia em ninguém, nem na própria mãe, nem mesmo na sombra dele, e sente enorme dificuldade de se dar com as pessoas e fazer amizades, preferindo ficar isolado no seu cantinho.

Pode ser que você, na sua casa, irradie a sua personalidade vitoriosa, confiante, segura de si, que sabe cativar as pessoas e confiar nelas; você é uma pessoa aberta, cheia de amigos, com uma visão positiva da humanidade...

Tudo indica que seu filho, que sempre vê nos pais e mestres a verdade, como conseqüência torna-se uma criança que brinca com as outras crianças, empresta seus brinquedos, gosta da vida, tem facilidade de fazer amigos e conquistar pessoas por seu temperamento agradável e irradiante.

Medite nisso e faça um exame de consciência.

Diz o ditado: Tal pai, tal filho. Filho de tigre sai pintado. De pequenino se torce o pepino.

Mas, lembre-se: toda hora é hora de mudar.

AGORA PENSE EM VOCÊ

Uma das grandes ilusões de pessoas que vão chegando à aposentadoria é poderem, finalmente, vestir o pijama e ficar o dia inteiro sentadas numa cadeira de balanço, vivendo o sonho do "dolce far niente", que significa o "gostoso fazer nada".

Se você pensa assim, leia estas considerações com a maior atenção, porque não existe nada mais prejudicial à saúde do que viver na inutilidade total.

Inicialmente, até, você vai sentir um inusitado bem-estar, um alívio delicioso, ao descobrir que hoje não tem compromisso com horários, com emprego, com trabalho. E sua satisfação aumentará só de pensar que amanhã pode levantar à hora que quiser, tomar café sem horário, e ficar por aí levando a vida que pediu a Deus.

Aposentou-se, foram-se as preocupações. Agora, sombra e água fresca. Claro que, por enquanto, estou falando para pessoas que conseguiram reunir condições econômicas e financeiras que lhes possibilite viver assim.

Pois bem, depois de algum tempo, a mente e o corpo em estado de inanição, você começa a não ter assunto, a não usufruir o sabor da novidade, pois tudo transcorre na mais insonsa monotonia. Os pensamentos ficam pequenos, o seu mundo mental encolhe, e você se vê cada vez mais distante dos outros.

A cada dia se recolhe mais e mais no seu próprio mundo.

Na medida em que diminui a atividade cerebral, diminui, conseqüentemente, a irrigação sangüínea de alguns setores cerebrais, atrofiando, portanto, o desempenho do cérebro.

Começam a surgir os problemas atribuídos à velhice, como se houvesse uma lei fatídica pela qual, com o passar dos anos, o ser humano devesse caminhar irresistivelmente para a esclerose, o embotamento e a perda da capacidade física e mental.

MUDE OS CONCEITOS DESDE HOJE

Tempos atrás, recebi um artigo, publicado na secção "ciência", do Jornal do Brasil. O assunto era mesmo gratificante.

Veja o texto inicial do artigo: "Antiga concepção de que o cérebro humano atinge seu pleno desenvolvimento no final da infância e, a partir daí, marcha para a irremediável decadência na velhice, vem sendo torpedeada por uma série de experiências realizadas em todo mundo a partir da última década. Agora, uma pesquisa recém-concluída na Universidade da Califórnia, em Berkeley, acrescenta mais uma forte evidência de que o cérebro continua a se desenvolver mesmo na velhice. Basta que ele seja continuamente estimulado com atividades que representem novidade ou desafio".

O cérebro, portanto, longe de estar fadado ao declínio, continua a se desenvolver até mesmo em idade avançada. E não há nada de incrível no que estou lhe dizendo. Anormal seria se você não tivesse condições de utilizar, no seu melhor momento, que é a idade avançada, este cabedal imenso e fantástico que acumulou ao longo de tantos anos de aprendizados, de experiências e de lições vitais.

Acredite que a vida — criada pela Inteligência Infinita — sempre tem lógica.

Se alguma coisa claudica, é preciso procurar as causas, que estão sempre baseadas em alguma falha humana.

A partir deste momento, decida-se, com todas as suas forças interiores, a ser o mais jovem possível em idade avançada. Então, sim, você sentirá alegrias e prazeres que a nenhum outro mortal é dado usufruir

Depois dos sessenta anos, no dia do seu aniversário estoure um champanhe e comemore o milagre de ter-se tornado um ano mais jovem.

COMO TORNAR O CÉREBRO LÚCIDO E ATIVO NA VELHICE

O psiquiatra brasileiro Cauby Araujo afirmou que "na sociedade em que vivemos, o indivíduo vive com uma atividade neurológica intensa, conseqüência de uma atividade psíquica igualmente intensa, que se quebra repentinamente por volta da aposentadoria. O cérebro passa a receber menos estímulos, as conexões nervosas diminuem, as células gliais perdem em tamanho e em quantidade. Isso acelera o "envelhecimento" do indivíduo".

Esta situação, que ocorre quando o aposentado veste o pijama e descansa na cadeira de balanço, é prejudicial, porque, como disse o dr. Cauby, o cérebro passa a receber menos estímulos, acelerando o envelhecimento da pessoa. Recomenda ele, então, que os idosos procurem novas atividades, como única maneira de "exercitar" o cérebro, que "também precisa de exercício para se manter forte e saudável".

Foram feitas pesquisas e experiências, com animais e com pessoas, pela equipe da Dra. Miriam Diamond, professora de Fisiologia e Anatomia, em Berkeley, EUA, alcançando-se descobertas de alta significação para os idosos.

Para a Dra. Diamond "As células cerebrais podem se

desenvolver em qualquer idade, respondendo a estímulos intelectuais de toda espécie: viagens, esportes, jogos de quebra-cabeças, aprendizado de novas línguas—qualquer coisa que estimule o cérebro com novidade e desafio".

Tenho encontrado pessoas de idade avançada muito felizes, realizando atividades que lhes causam prazer e alegria de viver; e tenho encontrado idosos desiludidos da vida, sentados à beira do caminho à espera do último suspiro, muitas vezes até se considerando como trastes inúteis, quando não um peso para a família.

É preciso romper com a crendice de que a vida é uma marcha fatalística para o declínio total. Pelo contrário, a vida é uma marcha gloriosa para cima, porque, a cada dia que passa, acrescentam-se novas dimensões vivenciais à mente humana, tornando-a sempre mais grandiosa, mais madura e mais frutuosa.

Uma pessoa de idade, ao invés de achar que seu mundo é opaco e fechado, precisa reconhecer a verdade de que possui a mais ampla dimensão mental, com qualidades, reflexões, dados inventivos, condições criativas, que, ao natural, superam os que apenas caminham nos verdes anos da vida.

O jovem é entusiasmo, é ideal, é garra, é vitalidade, é evolução; o idoso é sabedoria, é experiência, é ciência da vida, é dimensão maior, é melhor condição inventiva, é terreno mais viçoso para a criatividade, é mais valor interior pelos seus dons de tolerância, de calma, de paciência e de boa vontade.

Eu sempre afirmei, nas Jornadas sobre o Poder da Mente, que realizo por esse mundo afora, que há duas palavras que devem ser consideradas como superstições: esclerose e velhice. Vem agora a ciência e descobre a verdade dessa afirmação.

Sempre insisti, também, que a mente transcende o corpo, ou seja, é mais do que o cérebro, pois o cérebro está na sua cabeça, ao passo que mentalmente agora você pode estar em Roma, Tóquio, ou no interior de uma montanha.

O desativamento de certas atividades mentais, ocorrido por ignorância, ou por preguiça, ou por desinteresse, ou por falta de esforço, vai produzir o desativamento de certos setores cerebrais, que passam a não receber estímulos, o que provoca o embotamento.

Velhice, portanto, é estado mental.

Seja o mais jovem possível em idade avançada.

DESAFIE A SUA IDADE

Você já viu que o cérebro pode continuar a desenvolver-se até mesmo em idade avançada, através de atividades que representem novidade e desafio.

Vamos conversar agora sobre o conteúdo destas duas palavras, que podem realizar o milagre de tornar o ser humano sempre jovem mentalmente.

Quando você atinge certa idade, se aposenta ou entrega os seus negócios aos filhos, pois entende que agora chegou o momento de usufruir o resultado de longos anos de trabalho.

Você está certo neste aspecto de encerrar uma atividade desgastante, estressante. Chegou a hora, também, de se ver livre de compromissos e horários, de bancos, de pagamentos, assim por diante.

Mas, você está errado quando entende que chegou a sua vez de parar, de descansar, de ficar em casa sentado, de suspender toda e qualquer atividade. Aí pode ser o começo do fim.

Aposentadoria não é o momento de parar, mas de trocar de atividade.

Agora, passe a dedicar-se a um trabalho que lhe dê prazer, que incite o seu entusiasmo, que puxe as suas idéias e que faça você levantar cada dia mais estimulado ainda.

Chegou a hora de escolher o tipo de ocupação que lhe agrada, como, por exemplo, fazer uma horta; fabricar brinquedos de madeira; pintar estatuetas de gesso; colecionar alguma coisa; escrever para jornais e revistas; fazer qualquer pesquisa científica; bolar um implemento agrícola prático; cuidar de uma chácara; criar certo tipo de animal ou ave; fazer viagens turísticas ou de estudos; participar de encontros interessantes; estudar idiomas; aprender a pintar; entregar-se à escultura; fazer uma construçãozinha devagarinho e com criatividade; promover encontros e lazer com pessoas de sua idade; pintar a sua casa a longo prazo; dedicar-se a trabalhos manuais; começar outra rotina de caminhadas, passeios; visitas; dar um pouco do seu tempo a ajudar obras sociais, religiosas ou culturais da sua igreja ou do seu bairro; e por aí afora.

Não quer dizer que você deva escolher uma dessas ocupações que assinalei. Apenas dei exemplos. Você, por certo, já tem na cabeça algo que sempre queria fazer e que não pôde por falta de tempo ou devido aos seus compromissos. Agora é a vez.

Escolha sempre atividades que signifiquem desafio à sua capacidade, à sua inteligência, aos seus conhecimentos, ao seu espírito inventivo, à sua idade.

Pode ser que amanhã convidem você a fazer uma viagem às cataratas do Iguaçu: você imagina a longa distância, o cansaço, o sol exacerbado, ou a chuva excessiva, e desiste. Aí estava um desafio, que poderia ter enfrentado com entusiasmo e alegre expectativa.

A novidade, também, é sempre um estimulante das suas energias vitais. Se você tem criação de patos, por exemplo, que tal começar a criar faisões ou pavões?

— Mas, eu não sei nada sobre esses bichos — dirá você.

Por isso mesmo é que lhe estou sugerindo. Aceite essa novidade e esse desafio. Afinal, você gosta de bichos, pois já está criando patos. Agora, procure pesquisar na literatura; visite o setor da Universidade que estuda esses assuntos e, por certo, encontrará um professor que possa lhe dar instruções.

No Parque Balneário Turístico Oásis, que possuo em Santa Maria, contratei uma senhora, que morava na cidade e estava quase sempre com problemas de saúde. Depois que se transferiu para o Oásis e se dedica à bicharada do zoológico, esqueceu as doenças e se sente maravilhosamente bem de saúde.

Há uma semana, trouxe para o Oásis um senhor, de mais de setenta anos, para fazer umas obras artísticas, de pura imaginação e criatividade: um laguinho de concreto, com cascatas, chafarizes e animais pré-históricos. Lá está ele, realizando essa obra com uma vitalidade que faz inveja a muitos jovens.

Saiba que espírito é vida.

A vida é sempre linda em todas as idades. Não existe velhice, pois cada dia você nasce de novo.

MENSAGEM FINAL

Você acabou de realizar uma das mais fantásticas descobertas. Bem posso imaginar o tamanho da sua alegria. Afinal, você percebeu que todo o Poder está dentro de si e que não há obstáculos ou dificuldades que não possa superar.

Nada mais abaterá o seu ânimo.

Nesse momento, você se sente mais leve.

Antes você pensava que a vida era difícil e que devia carregar o seu fardo até a hora da morte. E, com esse pensar errôneo, concluía, como o faz tanta gente, que a morte é descanso.

Agora você tem a chave do sucesso e da felicidade: o seu pensamento.

Como esse mundo de Deus é simples, não é verdade?

Sim, aí dentro de você existe o Poder Infinito e a Fonte de tudo. E você aciona esse Poder inesgotável através do seu pensamento. Deus não poderia inventar um método mais fácil e mais acessível. Basta pensar e o seu pensamento age como Força irresistível, que remove montanhas, realiza seus ideais, materializa seus sonhos, ilumina sua estrada, produz o seu milagre, cura as suas doenças, constrói a sua casa, atrai-lhe riquezas sem fim.

Agora a sua vida será bem diferente.

A distância entre você, que leu esse livro, e os que não o leram e nada sabem sobre o Poder, é infinita. A distância é maior do que a existente entre a nossa Era e a Era da Pedra Lascada.

Festeje esse dia.

Agora você reencontrou-se consigo mesmo, isto é, com a sua verdadeira realidade e não com a sua sombra. Há muitas pessoas que vivem na sua própria sombra e pensam que essa é a realidade. Somente quem alcança esta compreensão superior é que se encontra com sua própria realidade. Assim como você.

Use o seu pensamento apenas como fonte de coisas boas.

Vigie a sua mente, noite e dia, para que dela não nasçam pensamentos negativos e prejudiciais. Se, ainda por uns tempos, você se flagrar plantando coisas ruins e maléficas na mente, troque imediatamente de pensamento. Não se preocupe com os pensamentos negativos que quiserem entrar na sua cabeça; ocupe-se, isso sim, em substituí-los de imediato, pensando coisas boas, imaginando os resultados bons que deseja da vida.

Pensar é poder.

Ao pensamento segue-se a ação e à ação segue-se a materialização.

Nunca esqueça jamais: Pode quem pensa que pode.

Repita comigo: "Penso que posso; logo, posso. Tudo o que posso pensar, posso alcançar. Existe um Poder Infinito em mim, que responde ao meu pensamento. Por isso, agora começo uma nova vida. Estou entrando no momento mais feliz e grandioso da minha vida. Assim é e assim será".

Ao fechar esse livro, grave mais uma vez: Pode quem pensa que pode.

OUTRAS OBRAS DO AUTOR

O PODER INFINITO DA SUA MENTE

317ª EDIÇÃO

(192 páginas)

Lançado em 1980, esta obra tornou-se, desde logo, um dos maiores best sellers do Brasil. Já traduzida em várias línguas, continua sucesso em outros países.

O autor ensina, de forma simples e profunda, as pessoas a usarem as forças interiores, para resolver os problemas e alcançar os grandes objetivos da vida.

O PODER INFINITO DA ORAÇÃO

81ª EDIÇÃO

(184 páginas)

Aqui, você vê o outro lado da oração: a força infinita, nela contida, que produz a cura de doenças incuráveis; que produz a solução de problemas insolúveis; que abre caminhos inimagináveis; que realiza o milagre; que evita o acidente; que acalma o espírito; que protege no perigo. (Lançamento: 1988)

CONHECE-TE E CONHECERÁS O TEU PODER

23ª EDIÇÃO

(184 páginas)

A melhor e mais completa obra de auto-conhecimento, analisando a dimensão total do ser humano: corpo, mente, espírito, divindade, coração emocional, paranormalidade. Ainda: o homem em interação com a humanidade, com o universo e com Deus. (Ano de Lançamento: 1991)

AS REGRAS DA FELICIDADE

16ª EDIÇÃO

(160 páginas)

Apresenta os 32 princípios essenciais que formam o caminho simples e seguro para você viver a felicidade que sempre buscou.

Leia este livro e dirá que a vida é realmente uma festa.

(Ano de lançamento: 1992)

VOCÊ TEM O PODER DE ALCANÇAR RIQUEZAS

43ª EDIÇÃO
(222 páginas)

Aqui você encontrará o caminho da riqueza, o mapa da mina e a chave do Tesouro Infinito. De forma simples, clara e fácil, os 10 passos para você conseguir tudo o que deseja da vida.

O trabalho constrói; o pensamento enriquece.

(Lançamento: 1986)

OS PODERES DE JESUS CRISTO

40ª EDIÇÃO
(278 páginas)

Sucesso extraordinário. Uma obra maravilhosa. Capítulos: Chegou a era de Jesus – Fenômenos que marcaram o aparecimento de Jesus – As fontes dos poderes de Jesus – A manifestação dos poderes de Jesus – Métodos de cura usados por Jesus – A fé é o mais poderoso método de cura – Os fenômenos paranormais ou sobrenaturais – Profecias e predições do futuro – Jesus transmite os seus poderes.

(Lançamento: 1982)

SÓ O AMOR É INFINITO

18ª EDIÇÃO
(272 páginas)

Este é o ROMANCE que você nunca esquecerá.

Você percorrerá uma história cheia de ternura, de idealismo... de conflitos, de paixões e de generosidade.

No campo da literatura – é uma obra-prima. Adquira hoje mesmo e certifique-se desta verdade.

(Lançamento: 1988)

O PODER INTERIOR

66ª EDIÇÃO
(102 páginas)

Nesta obra, a pessoa percorre 40 dias no deserto místico de si mesma, para alcançar a saúde física, mental, emocional e espiritual. Durante 10 dias, são feitas meditações para a libertação dos males da mente...

Nos 10 dias seguintes, libertar-se-á dos males do coração.

Nos outros 10 dias, dedica-se a debelar os males do corpo.

Nos últimos 10 dias, encontra a alegria de viver.

(Lançamento: 1982)

O PODER DO JOVEM

72ª EDIÇÃO
(128 páginas)

Este é um livro fantástico para o jovem. Leva-o a enfrentar a vida com fé, com otimismo, com segurança e com a firme certeza das suas qualidades e do seu sucesso. Resolve os problemas que mais angustiam a juventude e exerce uma força todo-poderosa sobre a mente do jovem, conduzindo-o a ser um vitorioso na vida, na profissão, no amor, em tudo.

(Lançamento: 1982)

A CURA PELA PALAVRA

50ª EDIÇÃO
(220 páginas)

Obra apreciadíssima. A Cura Pela Palavra é uma força todo-poderosa, capaz de libertar você de doenças e dificuldades.

Lembre-se que você também tem o poder de realizar o seu próprio milagre.

(Lançamento: 1984)

O PODER DA INSPIRAÇÃO

30ª EDIÇÃO
(90 páginas)

Neste livro, Lauro Trevisan publica poesias maravilhosas, todas elas encerrando mensagens positivas, de poderosa energia vital.

(Lançamento: 1982)

OS OUTROS PUDERAM VOCÊ TAMBÉM PODE

34ª EDIÇÃO
(204 páginas)

O título já explica o conteúdo. Nesta obra são apresentados muitos depoimentos de pessoas que alcançaram, através da fé, usando as leis mentais, a cura de doenças graves e a solução dos seus problemas financeiros e de amor.

(Lançamento: 1985)

PÉTALAS DE VIDA

23ª EDIÇÃO

(116 páginas)

Cada mensagem é como a flor que embeleza a sua alma e perfuma a sua estrada, tornando feliz o seu viver.

Cada página contém uma mensagem sábia e poderosa, em forma de versos.

As ilustrações coloridas embelezam ainda mais este bonito livro.

(Lançamento: 1982)

PENSAMENTOS DE VIDA E FELICIDADE

32ª EDIÇÃO

(88 páginas)

Este livro encerra uma coletânea de pensamentos positivos e poderosos extraídos de programas radiofônicos realizados na Hora da Ave-Maria. É uma fonte perene, na qual você beberá vida e felicidade, sempre que quiser.

(Lançamento: 1981)

AS CRIANÇAS QUE FIZERAM O TEMPO VOLTAR

17ª EDIÇÃO

(110 páginas)

Esta é mais uma obra infantil, lançada em 1984. Enorme sucesso. É uma história gostosa, cheia de encantamento, de fantasia, de ternura e de maravilhosos ensinamentos positivos para a criançada.

NO REINO DA PATA LECA

15ª EDIÇÃO

(80 páginas)

Este livro, todo cheio de páginas coloridas, é um encanto para a garotada. Todo escrito em versos simples e fáceis, letras grandes, conta uma história fascinante, que tanto vem agradando a criançada.

(Lançamento: 1982)

VIAGEM A DOIS PLANETAS

16ª EDIÇÃO

(60 páginas)

Você, que gosta de ler Saint-Exupéry, Richard Bach e outros semelhantes, vai encontrar, neste livro, uma linda e preciosa mensagem através da narração de uma história. Os dois planetas da mente são percorridos, numa nave estranha, por um personagem. Você está habitando um destes dois planetas interiores.

(Lançamento: 1980)

ENCICLOPÉDIA MALUCA

18ª EDIÇÃO

(142 páginas)

O riso é o dom maravilhoso que só existe na criatura humana. O riso é o elixir da vida.

Rir – dizem os cientistas – é ainda o melhor remédio. Lauro Trevisan dedicou-se, nesta obra, a uma aventura gostosíssima: Fazer você rir.

(Lançamento: 1980)

O HOMEM SÓ

16ª EDIÇÃO

(32 páginas)

Polé detestava o mundo e as pessoas, pois achava que eles eram o seu inferno.

Fugiu para as montanhas a fim de livrar-se dessas desgraças. E aí aconteceu algo de memorável na vida dele.

Esta é uma história de rara beleza literária, escrita sob um influxo superior.

(Lançamento: 1980)

PODE QUEM PENSA QUE PODE

42ª EDIÇÃO

(128 páginas)

Neste livro você realizará as duas maiores descobertas da humanidade: primeira, que existe um Poder Infinito no âmago do seu ser; segunda, que este poder é acionado pelo PENSAMENTO. Não deixe de ler este livro. Vai ensinar-lhe a livrar-se das depressões, das obsessões, das doenças físicas, do estresse, da pobreza, das privações e de tantos males que lhe tiram a alegria de viver.

(Lançamento: 1982)

O SEGREDO DA OUTRA VIDA

17ª EDIÇÃO

(72 páginas)

Quem não sofreu a dor da perda de um ente querido?

Aqui está uma linda mensagem de otimismo e confiança, descrevendo o nascimento, a vida e a vida-após-a-vida, com ternura, poesia e elevação superior. É um livro de 72 páginas, letras grandes, 30 ilustrações, que você lê em 15 minutos. Adquira-o, pois ele falará por você, quando falharem as palavras diante do sofrimento de quem parte e de quem fica. (Lançamento: 1989)

UMA HISTÓRIA DE AMOR

11ª EDIÇÃO

(80 páginas)

As crianças vibraram de alegria com este livro infantil, que conta uma linda história de duas crianças, que moravam no alto de uma montanha, e esperavam o Papai Noel naquele Natal. Só que ele avisou que não tinha o nome daquelas crianças na sua lista e, por isso, dessa vez, não poderia chegar lá. Aí aconteceu um milagre.

Tem muitas ilustrações coloridas, letras grandes, o que facilita a leitura e a torna atraente. (Lançamento: 1980)

SABEDORIA DE CADA DIA

26ª EDIÇÃO

(200 páginas)

Esta é uma obra útil e prática, contendo 180 meditações positivas, bonitas e benéficas, extraídas da sabedoria interior, capazes de levantar o astral e criar energias poderosas para o dia-a-dia.

Lançado em maio de 1990, o livro é apresentado em 3 modelos: simples, semi-luxo e luxo, este com capa de couro.

SEM PENSAMENTO POSITIVO NÃO HÁ SOLUÇÃO

13ª EDIÇÃO

(184 páginas)

Este livro levará você à conquista dos seus grandiosos sonhos. Com certeza. Você estará sempre em busca de soluções. Tomar o caminho certo é essencial, para não perder tempo, dinheiro e vida. Este livro conduz você à solução dos seus problemas e ensina o caminho que leva aos resultados positivos desejados. Leia-o.

AQUÁRIUS A NOVA ERA CHEGOU

20ª EDIÇÃO
(126 páginas)

Este é o livro do Terceiro Milênio.

Lançado em janeiro de 1991, esta obra exercerá irresistível fascínio sobre o público, porque traz uma visão fantástica e profunda sobre a Nova Era que está nascendo.

Tema atualíssimo, escrito com objetividade, profundidade e estilo jornalístico.

A VIDA É UMA FESTA

21ª EDIÇÃO
(156 páginas)

Mostra ao ser humano que a vida não é luta, nem sofrimento, nem renúncia – mas sim uma linda festa.

Ler este livro significa reencontrar o paraíso, perdido em meio às preocupações, desenganos, equívocos e preconceitos.

(Lançamento: 1991)

JESUS – PRECURSOR E ANUNCIADOR DA NOVA ERA

13ª EDIÇÃO – (184 páginas)

LAURO TREVISAN, um dos mais profundos e respeitáveis estudiosos da NOVA ERA, traz, nesta obra, a GRANDE VERDADE, que empalidecerá os fanáticos e abrirá os caminhos da humanidade do presente e do futuro.

Impregnado de intuição, vidência e sabedoria, o livro faz o fantástico salto de 2.000 anos – como o fez o Mestre Jesus – e aponta a grande ERA que está surgindo. A mais clássica e legítima leitura sobre a NOVA ERA. (Lançamento: 1993)

LIÇÕES POSITIVAS

17ª EDIÇÃO
(176 páginas)

Em Lições Positivas, LAURO TREVISAN aborda, com seu agradável estilo bem-humorado, muitos aspectos da vida humana, oferecendo mensagens que ajudam a resolver dificuldades, problemas e sofrimentos, e mostram o caminho simples e fácil para que a vida se torne uma caminhada bem-sucedida, feliz e maravilhosa.

(Lançamento: 1993)

OTIMISMO & FELICIDADE

(Lançamento: 1994 – 160 páginas)

14ª EDIÇÃO

Mostra que o otimismo e a felicidade são qualidades essenciais para uma vida bem-sucedida. É preciso ser feliz para viver plenamente o dia de hoje e é necessário ser otimista para assegurar o sucesso de hoje e do futuro.

A FÉ QUE REMOVE MONTANHAS

(Lançamento: janeiro/95)

15ª EDIÇÃO

(168 páginas)

Estupendo! A fórmula definitiva daquele poder que move montanhas, cura doenças, produz milagres e tudo alcança.

O PRÍNCIPE QUE QUERIA CASAR

5ª EDIÇÃO

(64 páginas)

Nesta história gostosa, para crianças de 7 a 70 anos, desfilam as famosas princesas dos contos de fada, aguçando a agitada fantasia infantil. Um sucesso. Em cores. Formato: 28 x 21 cm.

O EXPRESSO BALNESUL
A UM PASSO DA ETERNIDADE

Lançamento: agosto/95

7ª EDIÇÃO

(216 páginas)

Você está nesta viagem arregando seus sonhos pirados e conflitos existenciais e, de repente, a iminência da maior catástrofe rroviária...

Alegria! Emoções! Prares! Ódios! Conflitos! Feidades! Amor! Sabotaem! Perigo!

O mundo de todas as ades no expresso da vida. ocê vai adorar.

EXPLODA A CRISE FAÇA SUCESSO

Lançamento: janeiro/96

11ª EDIÇÃO

(184 páginas)

"EXPLODA A CRISE, FAÇA SUCESSO" é o 34° livro de LAURO TREVISAN. Mostra, de forma clara e fácil, que o SUCESSO é o verdadeiro caminho do ser humano e ensina como agir para que tal aconteça. Seja qual for o tamanho da crise, chegou a hora de explodi-la e arrancar para a melhor etapa da vida.

AME OU VOCÊ MORRERÁ NO PRÓXIMO DOMINGO

(Lançamento: janeiro/97)
(232 pág.)
10ª EDIÇÃO

Este é o 36º livro de LAURO TREVISAN. Escritor, conferencista, empreendedor, especialista na ciência do Poder da Mente, vendeu mais de dois milhões de exemplares. Esta obra busca todas as dimensões do amor e procura colocar este dom maior do ser humano ao alcance de todos.

CURE-SE VOCÊ É SEU PRÓPRIO REMÉDIO

(328 pág.)
10ª EDIÇÃO

O novo livro de LAURO TREVISAN.
O caminho para o uso de todas as forças curadoras.
Um verdadeiro guia da saúde.
Lançamento: janeiro/98

RIR É O MELHOR REMÉDIO

(120 pág.)
6ª EDIÇÃO

Rir é o melhor remédio é uma coletânea de piadas que fazem até os mais sérios darem boas gargalhadas.

VIVA A VIDA

(146 pág.)
7ª EDIÇÃO

Tudo o que você faz e consegue exteriormente é ótimo desde que, pessoalmente, esteja celebrando festivamente o milagre da vida. Viver a vida é a mensagem deste livro.

FITAS-CASSETE

Ref. 501

Ref. 502

Ref. 503

Ref. 504

Ref. 505

Ref. 506

Ref. 507

Ref. 508

Ref. 509

Ref. 510

Ref. 511

Ref. 512

Ref. 513

Ref. 514

Ref. 515

Ref. 516

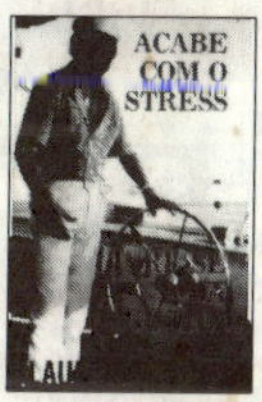

Ref. 517

Ref. 518

Ref. 519

Ref. 520

REFERÊNCIAS

501 - Relax programação positiva /
Mensagem para o amanhecer.
502 - Mensagem para nervosos
Para viver feliz e com sucesso.
503 - Programa de cura.
504 - Jovem de sucesso.
505 - Criança sadia / Jesus e a criança.
506 - Em busca do amor / Mensagem do amor.
507 - Casal feliz.
508 - Liberte-se das preocupações
Nervosismo.
509 - Relax para gestante /
Conversando com o nenezinho.
510 - Ame e viva / Perdoe e seja feliz.
511 - Liberte-se da insônia / Descanso no lago azul.
512 - Para deixar de fumar / Emagreça pela mente.
513 - Liberte-se das bebidas / Viver com saúde e feliz.
514 - Vença os seus medos / Seja seguro de si.
515 - O poder da riqueza /
Mergulhe no mundo da riqueza.
516 - A cura pela mente / Mentalização da saúde total.
517 - Acabe com o stress / Livre-se da angústia.
518 - A cura da depressão / A vida é uma festa.
519 - II Festival Festinvita.
520 - Poesias para uma vida melhor.
531 - Realize seus sonhos / Você pode.
532 - Aquárius / A Nova Era Chegou
533 - Alegria / Festinvita
534 - Conhece-te a ti mesmo /
Você é Comunhão Universal.
535 - Exploda a Crise / Faça Sucesso.

Ref. 531

Ref. 532

Ref. 533

Ref. 534

Ref. 535

CONHECE-TE
A TI MESMO
Ref. 806

ALEGRIA
ENERGIA NECESSÁRIA
E PODEROSA
Ref. 809

VOCÊ EM COMUNHÃO
COM TODO UNIVERSO
Ref. 808

A VIDA
É UMA FESTA
Ref. 804

OS PRINCÍPIOS
DA FELICIDADE
Ref. 814

UMA COLEÇÃO PARA VOCÊ EM FITAS DE VÍDEO

PALESTRAS
(GRAVADAS AO VIVO)

AQUÁRI
A NOVA E
CHEGO
Ref. 80

CONGRESSOS DA MENTE
– A NOVA ERA CHEGOU –

I SÍNTESE
1991
Ref. 801

II SÍNTESE
1992
Ref. 805

III SÍNTESE
1993
Ref. 811

VI SÍNTESE
1996
Ref. 816

FESTIVAIS
FESTINVITA

I O REINO
FESTINVITA
1991
Ref. 802

II FELICIDADE
É COMUNHÃO
UNIVERSAL
1992
Ref. 807

III
SER COMO
AS CRIANÇAS
1993
Ref. 810

IV VIAGEM NO
BARCO FESTINVITA
PELOS SETE MARES
DA VIDA FELIZ
1994
Ref. 812

VI FESTIVAL
FESTINVITA
1996
Ref. 815